世界悪魔ファイル

悪魔大王

目黒黒魔術博物館 編

great Demon king Dictionary

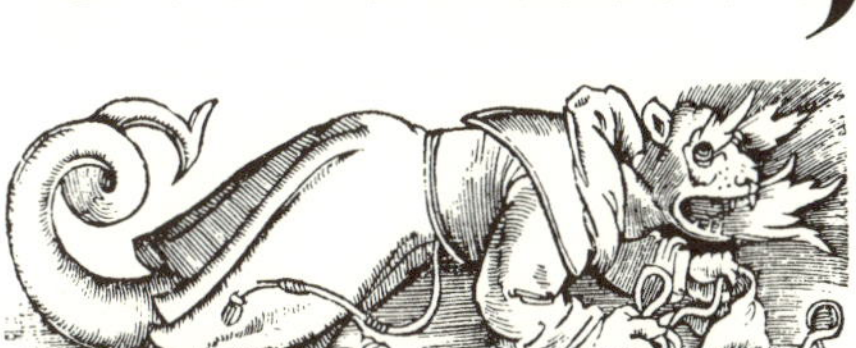

GREAT DEMON KING
INTRODUCTION

最初に人間が恐怖心を抱いた時、悪魔は生まれた。以来、悪魔は我々とともにある。

悪魔は夜の闇の中にいたこともある。突然、襲いかかる猛獣、毒のあるヘビの姿をしていたこともある。

悪魔は過酷な自然現象だったこともある。豪雨や、雷雨、あるいは焼けつく日照りの毎日であったこともある。洪水として現れ、砂嵐として出現したことも、地震となって、都市を壊滅させたこともあった。

また悪魔とは、「なぜそうなったのかわからない『不運』」でもある。楽しい我が家を焼き尽くした火事だったこともある。凄惨な殺人事件の現場や、交通事故の現場で悪魔を見たこともある。

墜落してまっぷたつになった旅客機、そして、運良く助かったのに落下した場所が雪山の頂上だったために、乗客がおたがいを食い合わなければならなかった時にも、悪魔はそこにいた。

この世のすべての、予想のつかない理不尽ととももに悪魔はいる。悪魔は裏切り者とつるんで街を行く。悪魔はどこにでもいる。

人間は自分が無力であることを知った時に、同時に悪魔を知ったのだ。つまり、人間は神より先に悪魔を知った。いや、まだこの時には神も悪魔も同じモノだったのだ。人間はこのような恐怖に、自分がいちばん恐れるモノの形をあたえた。

初期の悪魔は古今東西、ヘビの姿をしていた。ヘビは人間が本能的に恐れる生き物だった。また、このヘビに翼がつくようになる。翼は空を飛べない人間を超越する存在を意味した。ここから東洋の「龍」や西洋の「ドラゴン」が生まれて、悪魔の姿として定着していった。

その後、人間が集団生活する過程で、「社会悪」の概念が生まれた。社会を崩壊させるかもしれないような有害な考えや、タブーが悪となる。これらがヘビと合体し、ゾロアスター教でヘビとしての悪魔のイメージが作られた。善の神に対する絶対悪としての悪魔が誕生したのだった。

一方、ユダヤ人たちの宗教にも「敵対者」としての悪魔はあったが、その行動は神によって制限されていた。ところが、彼らがゾロアスター教を知ると、その影響で悪魔は強大化して、それが、キリスト教にも受け継がれた。なので、キリスト教での悪魔は「年経たヘビ」「悪しき龍」と呼ばれた。アダムとイヴに「知恵の実」を食べさせたのもヘビである。そして、キリスト教が拡大するにつれ、各地の異教が吸収・同化され、各地の神々が悪魔化された。キリスト教が広がると、その分、悪魔が増えるのだった。

この時にギリシャのディオニッソスや、パンといった山羊の角を持つ神、北欧神話の角のある兜を被ったトールやオーディン、また、牧羊神サテュロスといった、角のある神々が悪魔だとされるようになると、悪魔の姿は山羊と人間の合成されたモノになる。さらに、これらを信仰していた信者たちの崇拝の儀式がサバト、魔女集会として弾圧されるようになった。だから、サバトには山羊の姿の悪魔が出現するということになったワケだ。

この時、「7つの大罪」としての、「暴食」「傲慢」「嫉妬」「憤怒」「貧欲」「色欲」「怠惰」も悪魔に組み込まれた。

そして、みなさんおなじみの角のある悪魔が登場する。以降、悪魔はそれぞれの人間の思う姿で出現するようになる。

悪魔を想像する人間の数だけ、悪魔の姿はある。人間の欲望の数だけ、悪魔の魔力の数はある。

本書でも紹介する「悪魔教会」の教祖、「黒い教皇」アントン・サンダー・ラ・ヴェイは「7つの大罪」について、こう言っている。

「人間が1日にかならず一度は感じるようなことをあげつらって〝大罪〟だとは笑わせる！」

私も同意見なので、「悪魔教」の信者のひとりといえるだろう。そこで、ラ・ヴェイ教祖の現代的な「悪魔教」の「悪魔9ヵ条」を引用しておく（ラ・ヴェイ著『悪魔の聖書』より）。

1　悪魔は節制でなく、放縦のシンボルである

2　悪魔はたんなる夢想ではなく、活力のある実体のシンボルである

3　悪魔は偽善や、欺瞞ではなく、真の知識のシンボルである

4　悪魔は恩知らずへの意味のない愛ではなく、愛するにふさわしい人への親切のシンボルである

5　悪魔は攻撃に対して耐えるのではなく、相手に逆襲することのシンボルである

6　悪魔は自分の精気を吸い取り、衰弱させる吸血鬼のようなヤツに気を使うことではなく、責任を果

たせる人間に対する信頼のシンボルである

7 悪魔は動物の一種としての人間のシンボルである。だが、人間は神によって精神と知性が発達したことで悪意ある生物に堕落してしまった

8 悪魔はすべての罪のシンボルである。罪は肉体、精神、感情などを満ち足りたものにするからだ

9 悪魔は"悪魔教会"の親友である

悪魔のイメージが変わったと思われたのではないだろうか? いまや悪魔はポジティヴなモノのシンボルになったのだ。

ポジティヴな悪魔を想像すれば、ポジティヴな悪魔は出現する。魔術もまた、ネガティヴなモノではない。魔術は実践し、自ら動き出し、その効果を信じなければ発動しない。

ちなみにこれはあくまで「悪魔主義」の考え方だ。時代遅れの「悪魔崇拝」とはちがうということを理解する必要がある。「悪魔崇拝」のためには、キリスト教的な「神」も信じていなければならないが、「悪魔主義」なら、それは個人主義的で、何かに対抗したり、反発する必要がない。悪魔を崇拝することは、結局、「神」の勝利に繋がってしまう。

「20世紀最大の黒魔術師」アレイスター・クロウリーはかつてこのように言った。

「悪魔は存在しない。すべての混乱や、対立が統一された時、悪魔が神になるのだから」

悪魔が勝利する世界の到来を望むなら、本書を読むことである。この本の中には「あなたの親友」である悪魔が待っているハズだ。

とはいえ、悪魔はあくまで悪魔である。召喚する時には、十分に気をつけて——。

目黒黒魔術博物館館長　目黒卓朗

—コラム—

第2章 魔術師File

第1章
悪魔File
Part 1

Great Demon King File 01

悪徳の三頭魔神

バール

Baal

全悪魔を操る「呪文」が書かれた『赤い本』を所有する地獄の王

「バエル」、「ブエル」(Baël)、「バアル」(Baal) とも呼ばれる地獄の王のひとりで、大公爵。ソロモン王が召喚した72柱の大悪魔の1柱。66の軍団長。地獄の東方に広大な領土を所有する。

中央に王冠をかぶった人間の顔、右にガマガエル、左にネコの頭を持ち、この3つの頭が直接、巨大なクモの身体の上に生えている。

自分の軍団だけでなく、すべての地獄の軍団に命令する権限を持ち、戦争の天才。崇拝者に戦略の知識を教え、透明人間にもしてくれる。

バールは『赤い本』という、さまざまな大悪魔の本当の名前が書かれた名簿のような本を所有していた。つまり、我々が使っている悪魔の名は便宜上のモノなのだ。

これらの「真の名」(または「真名」、「マナ」と読む) を正確に発音すると、契約しなくてもその名を持つ悪魔を自由に使役できるというスグレモノだ。この本にはバールの「真の名」も記述されていたという。

しかし、これらの「真の名」は人間には発音・発声が難しく、適当な発音をすると、該当の悪魔に八つ裂きにされてしまう。

このような発音の難しい魔法の言葉を、魔術師、アレイスター・クロウリーの弟子、ケネス・グラントが「蛮名」という魔術概念で総括している。これは呪文の正確な発動などにも応用される重要な研究である。

ところが、ある時、バールは単なる羊飼いの少年にこの

『赤い本』を取られてしまった。この本は以来、行方がわからなくなっている。その実在を信じ、今も捜している人々は多い。

アジア全域で崇拝された「太陽神」地獄に落とされ、悪魔化

バールは、もとはアジア全域で「太陽神」として崇拝されていた。『旧約聖書』によれば、セム族の豊穣の神であり、彼らはバールの神殿で子供を生きたまま焼いて生贄にしていたとされる。

また、バビロニアやカルタゴなどの国や、一部のユダヤ人たちもバールを「太陽神」、もしくは、「天候を司る神」として崇拝していた。

バールとは古い中東の言葉で、「主」を意味する。これは、かつて彼がカナン地方の神話で、主神であったなごりだという。

また、バールという言葉は大悪魔のひとり、「ハエの王」である、ベールゼブブの名の「ベール」と同語源で、ベールゼブブとは「バール・ゼブル」（気高い王）が短縮されたものだとされる。

ちなみに「怠惰」の悪魔、ベルフェゴールも「バール・フェゴル」が短縮されたもの。どれも、同起源の王クラスの悪魔であることを示している。あるいは、もとは同じ神であった可能性も強い。

ユダヤ人は生贄を捧げる儀式を嫌っていたので、バールが大キライ。そこで、悪魔だとして糾弾した。以降、キリスト教の神との戦闘に敗れて、地獄に落とされ、悪魔化した。以来、バールは支配欲、野心、高慢などの象徴となった。

Novel

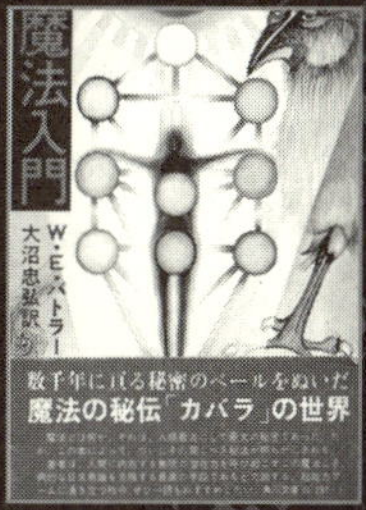

『魔法入門』（著者：W・E・バトラー／出版元：角川書店／発行：1974年）

「魔法とは何か？」に応えた不朽の名著

カバラの実践魔術に初心者を誘う、「ゴールデン・ドーン」系の魔術師による解説本。メディテーション系のメソッドが多く、派手な魔術の発動に興味のある人は、読み飛ばしたくなるかもしれないが、こういう地味な訓練が最初のうちは必要。『魔法修行』と『オカルト入門』も併読してほしい。

Novel

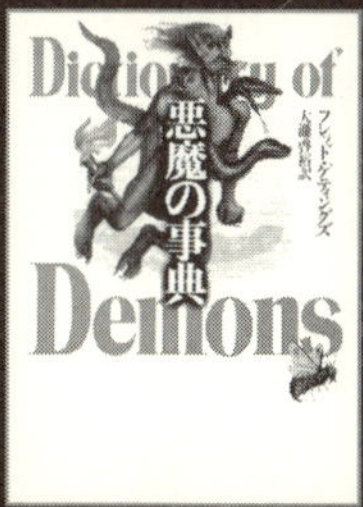

『悪魔の事典』（著者：フレッド・ゲッティングス／出版元：青土社／発行：1992年）

悪魔を知らずして西洋文化は語れない

3000柱にもおよぶ、古今の文書に登場する悪魔を紹介するばかりか、関連する人名、地名まで収録した、悪魔事典ものの決定版とも呼べる本。文学関係にまつわる悪魔が特に詳しく記されていて、どちらかといえば、文学研究の範疇に入る。著者のゲッティングスは、プランシーの『地獄の辞典』には否定的。

Great Demon King File 02

「色欲」の破壊魔神

アスモデウス

Asmodeus

この世のすべての「破壊」を司る、3つの頭を持つ堕天使

別名、「アスモデ」（Asmodée）、「アスモダイ」（Asmodai）。地獄の王のひとりで、72の地獄の軍団を率いる。ソロモン王が召喚した72の大悪魔の1柱。アスモデウスは「7つの大罪」の「色欲」を象徴している。

3つの顔を持っており、中央は王冠を被った人間の顔。右が羊、左が牛。身体は人間で、足はガチョウである。地獄の軍団旗と槍を持ち、翼のあるドラゴンに乗っている。

もとは上級天使の「熾（し）天使」だった。また、ペルシャで信仰されていたゾロアスター教での悪魔「アエーシュマ」がキリスト教に編入され、アスモデウスになったという説もある。

ユダヤの民間信仰で信じられていた「シャーマド」（ヘブライ語で「破壊」の意）という悪魔が、その起源だとする説もある。

地上のすべての破壊を司り、物を壊すことが彼の使命。また、人間を性欲のトリコや、ギャンブルの常習者、アルコール依存症、ヤク中に引きずりこむ。さらに、人間を浮気や不倫に走らせ、嫉妬心を煽る。当然、人間界での離婚はすべて彼の仕業である。

さらに、人間をいったん成功させ、裕福にしておいてから、すべてを奪って、破滅させるというパターンを好む性格の悪さを持つ。新婚初夜の夫をインポにするイタズラも大好きだ。

一方で、数学、幾何学、天文学の権威であり、自分の崇拝者には、芸術、工芸の秘訣も教えてくれる。趣味は演劇

「悪魔憑き事件」を起こし、エクソシストに封印される

鑑賞とダンス。

彼は隠されたお宝の隠し場所をすべて知っている。また、崇拝者には透明人間になれる方法を伝授してくれる。

ソロモン王に召喚された時には、王の要求に従い、エルサレム宮殿を魔力により建設したとの逸話がある。「破壊」を司る悪魔に「建設」させるとは、ソロモン王はシャレの利いた人だったようである。

弱点は魚の胆汁を焼いた煙の匂い。『旧約聖書』の外典「トビト書」によると、アスモデウスがある美少女に憑いたため、彼女が結婚すると相手の男が次々と死ぬという事件が起きた。7人目の夫が死んだ時、とうとうエクソシスト（悪魔祓い師）が呼ばれた。彼は魚の胆汁を焼き、その煙で部屋を充満させた。

するとアスモデウスは女から分離したではないか（アスモデウスでなくても、これは臭いと思うが……）。そして、なんとそのエクソシストは「大天使ラファエル」という正体を現し、アスモデウスを捕獲したのだった。

ラファエルがなぜ、こんな手の込んだことをしなければならなかったのかは不明である（最初から天使で登場すればいいのでは？）。アスモデウスはエジプトに封印されてしまったが、のちに復活したとされる。

このエピソード以降、「悪魔が人間に憑く」というのが一般的に認知され、悪魔憑き事件が増加したとされる。

Novel

『魔道書ソロモン王の鍵』（著者：青狼団／出版元：二見書房／発行：1991年）

悪魔召喚士を目指すなら絶対に読むべし

魔術研究家で、『禁書　黒魔術の秘法』の著者でもある流智明率いる「青狼団」のメンバーたちが、魔法王ソロモンの秘法を解説する。ソロモン王は「72柱の悪魔」を召喚したことで知られるが、実際にその72柱を召喚する呪文や魔法円が紹介されている。実物大の「魔法円」の付録が付いている。

Movie

『エクソシスト』（監督：ウィリアム・フリードキン／製作国：アメリカ／配給：ワーナー映画／製作年：1973年）

リアルなショックシーンに全世界が震撼

ウィリアム・ブラッティ原作の超有名作。アメリカの少女リーガンに、なぜかバビロニアの砂嵐の悪魔パズスが憑いてしまう。悪魔に憑依された少女が言うヒワイなセリフや、頭部の180度回転、緑色のゲロ吐きなど見どころ満載。「実話をもとにした」と言われていたが、現在は都市伝説だったと発覚している。

Great Demon King File 03

「傲慢」の大堕天使

ルシファー

Lucifer

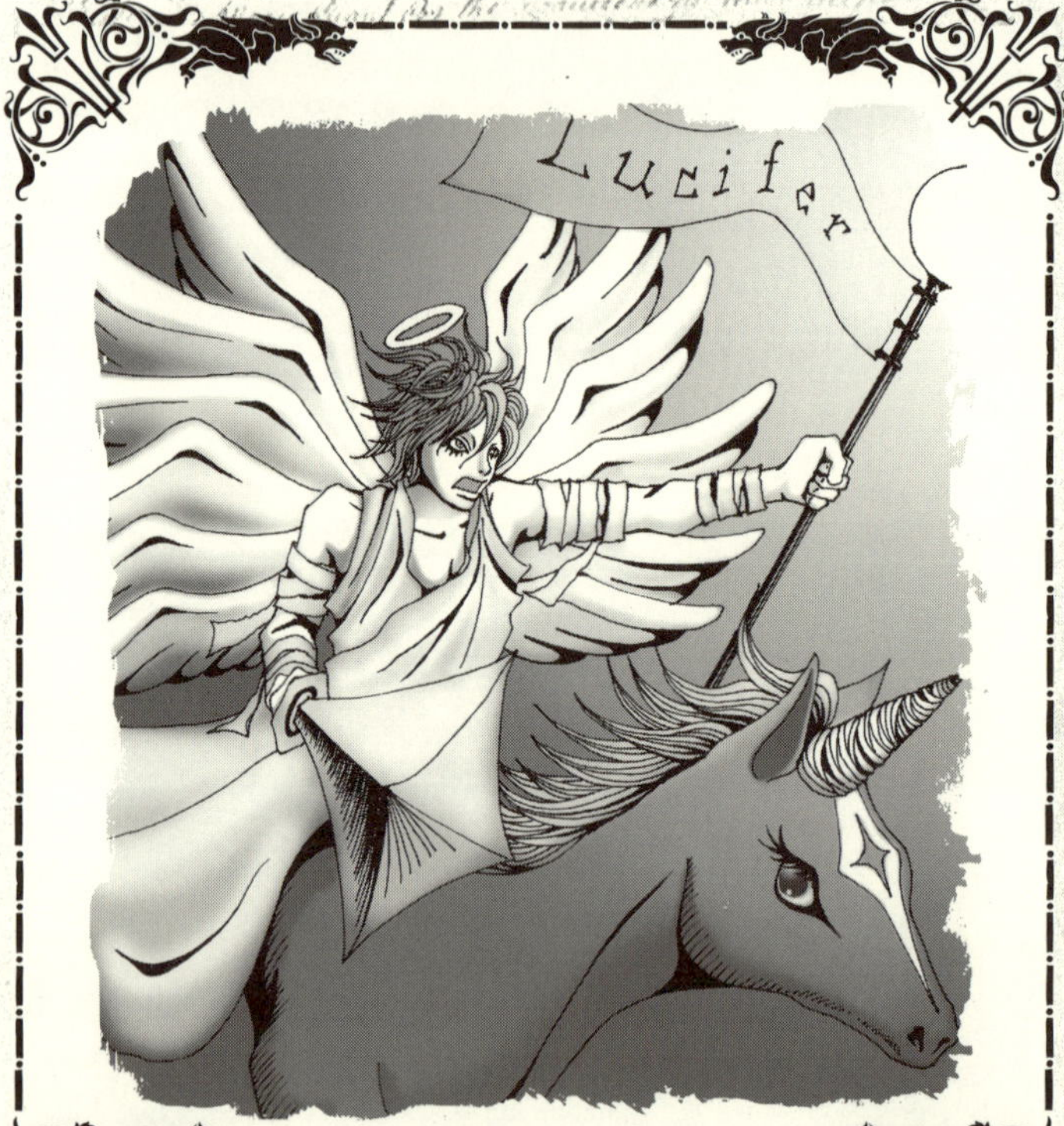

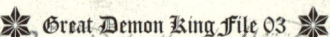

神に逆らい天使から悪魔となった、12翼の地獄の帝王

「ルチーフェロ」(Lucifero)、「ルキフェル」(Lúcifer)とも呼ばれる地獄帝国の帝王。「7つの大罪」の「傲慢」を司る。

12枚の美しい翼を持つ美青年の天使の姿。もしくは、美しい少年の姿で出現する。もとは大天使ミカエルの双子の兄弟の「熾天使」。ミカエルより上位に位置していて、神にもっとも近い存在だった。

神の寵愛が天使から人間に移ったことに嫉妬し、しかも、自分は神より偉いと考えるようになり、神に反逆。当時の全天使の3分の1ともいわれる多くの天使を従えて、ミカエルの率いる天使の軍団と戦ったが、敗北して地獄に落とされ、悪魔化した。

傲慢と不和を地上に蔓延させるのが、地獄の帝王である彼の使命である。

3世紀頃、オリゲネスという神学者が、『旧約聖書』の「イザヤ書」の研究をしている際に、有名な「黎明の子、明けの明星よ、汝、いかにして天より落ちしや」という一説から、「明けの明星」を堕天使のひとりだと考え、ラテン語で「明けの明星」を指す「ルシファー」と名づけたという。

つまり、地獄の帝王は神学者の研究によって、「発見」された悪魔だということになる。

この発見以前には、キリスト教で最も有名な悪魔といえば、ベールゼブブや、ベリアル、アザゼルだった。ルシファーは最初から「地獄の帝王」ではなかったのだ。

ところが、この有名な記述

は、現在では、ユダヤ教を弾圧したバビロニア王を風刺したものだとされているから、そうなると、「ルシファー」の存在自体が怪しいという解釈になってしまう。そのためだろうか、ルシファーについては謎が多い。

ルシファーは、悪魔王とされる「サタン」の正体、あるいは同一人物だといわれる一方で、ベールゼブブと同一人物だともされ、実はその実態はあきらかではない。

「ルシファー」と「ベールゼブブ」と「サタン」は同一の存在!?

ルシファーとサタンが同一人物であるというのも、聖書研究の成果で、『新約聖書』の「ルカによる福音書」にある、「私はサタンが雷光のように天から落ちるのを見た」という記述による。

また、「サタン」とは悪魔の統率者としての称号だという説もある（「サタン」はヘブライ語で「敵」「反対者」という意味）。「サタン」というまったくの別人の悪魔がいると主張する悪魔学者もいる。その場合、サタンは「7つの大罪」の「憤怒」を司るとされる。

ミルトンの『失楽園』では地獄の最下層「コキュートス」で凍結した湖から上半身だけを出した、巨大なモンスターとしてのルシファーが描かれている。

彼は角を生やし、3つの恐ろしい顔を持つ悪魔で、常に炎を吐く3つの口で地獄に落ちた人々を貪り食っている。

12枚の翼の天使としてのルシファーとは別人であり、こちらの姿が真のサタンなのかもしれない。

Novel

非常に高度な「エノク魔術」の実践書

『高等エノク魔術実践教本』（著者：ジェラード・J・シューラー／出版元：国書刊行会／発行：1996年）

魔術師ジョン・ディーが天使から教示されたといわれる、天使の言語「エノク語」のアルファベットと、それを使って行なう「精霊の召喚」などの「エノク魔術」を実践的に解説したもの。悪魔や天使、精霊を召喚する魔術のもっとも基礎になるもので、これを押さえておかないと魔術師失格だ。

Movie

キャストの死亡、フィルム盗難など事故続出

『ルシファー・ライジング』（監督：ケネス・アンガー／製作国：アメリカ／配給：イメージフォーラム／製作年：1966～1980年）〈写真は米国版〉

クロウリーの信者にして、アンダーグラウンド映画監督のケネス・アンガーが残した伝説的未完成作品。黒魔術儀式で悪魔を召喚する模様がえんえんと続く。さまざまな編集の別ヴァージョンが存在している。サントラは殺人王チャールズ・マンソンの信者が、刑務所内で作曲したものを使用。

Great DemonKing File 04

爆音の黒天使

ピュセル pucel

地獄の大公爵のひとりで、48の軍団長。全身が真っ黒な天使の姿をしており、もとは「堕天使」である。

ピュセルはオカルト学の権威。また、幾何学も得意である。なので、魔術師や科学者を守護し、その知識を教える。

地上のすべての騒音を作り出し、不快な音を蔓延させて、人間にストレスをあたえ、苦しめるのが生きがいである。

Great DemonKing File 05

暗黒堕天使ラクダ

ワル Wall

地獄の公爵。36の軍団長。ソロモン72柱の魔神のひとりでもある、ヒトコブラクダの姿の悪魔。

ラクダに乗った人間の姿で出現することもあるが、この場合でも、人間はダミーで、本体はラクダの方。

元は「能天使」だった。過去・現在・未来を何でも知っている。

「ヴアル」(Vual)、「ウヴァル」(Uvall)、「ヴォヴァル」(Voval)とも呼ばれる。

Great DemonKing File 06

地獄のバイリンガル

カイム Caim

地獄の大総裁で、30の軍団長で、堕天使。「カミオ」(Camio)とも呼ばれる。ソロモン72柱の悪魔の1柱。手足のあるツグミの姿をし、片手に剣を持つ。出現する時には身体の周囲が炎に包まれている。

どんな論争にも勝てる理論と説得術の使い手で、詭弁の天才。未来予知の超能力も持つ。

あらゆる人類の言語に精通している上、動物や鳥、魚、昆虫、植物と話すことができるといわれる。無生物とも話せるらしいが、会話の内容は不明。

Great DemonKing File 07

白馬の堕天使

ビレト Byleth

地獄の王のひとり。80の軍団長。

白馬に乗った天使の姿で、ホルンやトランペットなど、管楽器を演奏するネコのホーンセクションを従えて出現する。

その際にはネコたちによって、ビレトのテーマ曲が演奏される。

元「能天使」だった堕天使で、いつか天界に復帰したいと考えている。

崇拝者を強靭な人間に変身させてくれる。

Great DemonKing File 08

イケメン上級魔神

アビゴール Abigor

「エリゴス」(Eligos)、「エリゴール」(Eligor)と も呼ばれる大公爵。ソロモン72柱の魔神のひとり。60の地獄の軍団長。

イケメンな騎士で、コウモリの翼を生やし、両足がライオンで、尻尾がヘビの馬に乗り、地獄の軍団旗と槍を持っている。

戦争のエキスパートで、どんな状況でも勝つセオリーを知っているばかりか、指揮官が部下から信頼を得る秘訣も教えてくれる。しかも、未来を予知できる超能力がある。

Great DemonKing File 09

魔界のPCサポートセンター

ヴァプラ Vapula

大公爵。「ヴァプラ」(Vapula)とも呼ばれる、ソロモン72柱の魔神の1柱。36の軍団を率いる。ワシの翼を持つライオンの姿の、哲学の権威。

学者や研究者を守護し、崇拝者たちの頭脳を明晰にする。機械関係やコンピュータにも詳しい。

意味もなくフリーズしたパソコンは彼に直してもらおう。最近は自律ロボットにも興味がある。

Great DemonKing File 10

地獄の精神科医

ザガム Zagam

「ハーゲンティ」(Haagenti)とも呼ばれる地獄の王のひとりで、総裁の立場にもある。30の軍団長。ワシの翼を持つ牡牛の姿。

水をワインにしたり、血を油に変えたり、銅から黄金を作るなど、物質を変化させる超能力がある。

また、精神病者や知恵遅れの人を治して、インテリにしてくれる。

この悪魔に頼めば『アルジャーノンに花束を』みたいなコトにはならないぞ。

Great DemonKing File 11

おしゃべり悪魔

ケルベロス Kerberos

「ナベルス」、「ネビロス」(Naberus)、「ナベリウス」(Naberius)ともいう、地獄の侯爵。19の軍団を率いている。3つの犬の頭を持つカラスの姿をしており、古今東西のアートに詳しい。論理学の権威でもある。

病的なおしゃべりで、知っていることは全部言わないと満足できない。性格は慇懃無礼。崇拝者には失墜した名誉を回復させたり、別れた恋人と復縁させてくれたりする。

地獄の番犬であるケルベロスとは別人である。

Great DemonKing File 12

真紅の美魔神

ベリト Beelzebub

別名、「ボルフリ」(Bolfri)、「ベアル」(Beal)とも呼ばれる地獄の公爵。26の軍団長。王冠をかぶった若い美青年で、赤い服を着ている。乗っている馬も赤い。

過去・現在・未来に精通し、どんな金属も黄金に変えることができる。この能力のため、多くの錬金術師たちがベリトを召喚しようと悪魔召喚の儀式を繰り返した。

自分の崇拝者を出世させ、ヴォーカリストの声を良くしてヒット曲を出させたりする。

Great DemonKing File 13

時を見る堕天使

イペス Ipes

別名を「アイペオス」、「アイポロル」(Ayperos)、「イポス」(Ipos)ともいう、地獄の大公爵にして伯爵。ソロモン72柱の悪魔の1柱。36の軍団を率いる。

ガチョウの頭にライオンのたてがみと身体と前足、ガチョウの後足で、なぜか尻尾はかわいらしくウサギである。

もとは天使だったので、天使の姿に変身することもできる。

過去や未来を見通し、自分を崇拝する者には、才能と大胆さをあたえて、成功者への道を歩ませる。

Great DemonKing File 14

暗黒スターライト

カラビア carabia

別名、「デカラビア」(Decarabia)とも呼ばれる地獄の王のひとりで、伯爵。ソロモン72柱の魔神の1柱。30の軍団長。自分の王国のほかに広大な伯爵領を持つ。

逆向きのペンタグラム(五芒星)の中央に顔がある姿だとも、その周囲に5本の獣の足が生えているともいう。

すべての鳥が彼に従うといわれ、ハーブやパワーストーンの知識に秀でている。

Great DemonKing File 15

炎の狗魔神

マルコキアス Marchocias

「マルコシアス」(Marchosias)ともいう大侯爵。30の軍団長。ワシの翼とヘビの尻尾を持つオオカミで、口から火炎を吐く。

元「権天使」(「主天使」説もある)だったが、堕天して悪魔化。戦争の必勝法を知っているという。

また、ウソを嫌い、ウソつきは容赦なく残酷に殺害するといわれる。

ソロモン72柱の魔神の1柱でもある。

Great Demon King File 16

サバトの総帥

バフォメット

Baphomet

サバトを開き、魔術師や魔女を増やすのが使命の「両刀の黒ヤギ」

「レオナルド」「レオナール」(Leonard) とも呼ばれる、魔法使いや、魔女の統括者。魔女集会であるサバトを主催する。

3本の角の黒いヤギの頭と両足、美巨乳にくびれたウエストのナイスボディの女性のカラダをしており、一方で巨根の持ち主。背中には黒い翼が生えている。そして、お尻に第2の顔がある。

現在、もっとも流布している彼の姿は、『高等魔法の教理と祭儀』で著名な魔術師、エリファス・レヴィが描いたイラストによるもので、さまざまな魔術本に引用されている。

バフォメットは、人間を性欲の奴隷にし、同性愛やSMプレイに引きずりこむ。人間が乱交しているのを見るのが大好き。

人間に変身する場合には、全身が黒い美青年で(黒人ではない)、黒づくめの服に身を包んでいる。この姿で出現した時には「黒い男」、もしくは「黒衣の男」(マン・イン・ブラック)と呼ばれる。

サバトにはかならず出現し、魔女たちの忠誠を確認するため、尻の第2の顔の口(アナルの位置にある)にキスさせる。魔女志願の女の子を魔女に認定し、鋭い爪を使って、彼女のカラダの一部に魔女の印をつける役割も持つ。地上に魔術師や魔女を増やすのが、彼の使命である。

サバトには「ダーク・マン」(闇の男)、「トール・ブラックマン」(背の高い黒い男)と呼ばれる謎の存在が出現したが、どれもバフォメットの化身だとされる。

サバトの記録にはかならずこの謎の人物の記載があるが、現代になっても、たとえば本書でも後述する魔術師、オースティン・オスマン・スピアが召喚した自分の守護霊の肖像に「黒い男」の姿を描いたり（絵のタイトルは「黒い鷲」）するなど、「黒い男」の出現は続いている。

「黒い男」は「神々の使者」ナイアルラトホテップの化身だと主張する研究者もいる。

「テンプル騎士団」から「UFO」にまでかかわるバフォメット

この「黒い男」はのちに、UFOの出現にともない出現する「メン・イン・ブラック」と同じものではないかといわれるようになる。

また、12世紀のフランスで結成された「テンプル騎士団」のメンバーは、バフォメットを崇拝していたといわれる。騎士たちはバフォメットの承認のもと、ホモ・セックスの乱交に耽っていたため、ローマ教会から弾圧された。

弾圧の理由として、「バフォメット」が実は「マホメット」のカモフラージュであり、イスラム教に毒されているというこじつけまで行なわれたが、現在では、「テンプル騎士団」が異端だったという説は否定されている。

テンプル騎士団のバフォメット信仰がどのようなものだったのかは、暗黒ポルノの巨匠、ピエール・クロソウスキーの小説『バフォメット』（ペヨトル工房）を読むといいだろう。今だったら、オカルト・ボーイズラブとか言われそうな世界が展開されている。

Novel

『魔法　その歴史と正体』（著者：カート・セリグマン／出版元：平凡社／発行：1971年）

あらゆるテーマを平易に扱った魔法案内書

魔法・魔術・妖術・呪術・秘術の歴史について、文化人類学的に解説した、魔術に興味のある人の必読書。どの項目もきちんと調べられていて、怪しげな誇張やウソは含まれていない。かつては「タロット」の項などが省かれた「抄訳版」だったが、現在刊行されているのは、「無削除完全版」だ。

Movie

『魔女』（監督：ベンヤミン・クリステンセン／製作国：スウェーデン／製作年：1922年）

カトリック教会を激震させた伝説のカルト作

デンマークのベンヤミン・クリステンセン監督が撮った伝説的作品。悪魔と魔術の歴史、魔女の生活とサバト、魔女狩りなどを学術的に説明していくサイレント映画で、超ローテクな特撮によるキモカワ系の悪魔が多数出現する。実際に見てみると、教会による魔女狩りの拷問の数々のほうが、怖かったりする。

Great Demon King File 17

「怠惰」の便所悪魔

ベルフェゴール

Belphegor

排泄しながら崇拝者の話を聞くことが「大悪魔」の証

「ベールフェゴル」（Belphegor）とも呼ばれる、ルシファーの副官。「7つの大罪」のひとつ、「怠惰」を司る。堕天使のひとりで、もとは「権天使」だった。

また、かつて、ヨルダン川近辺に栄えた、モアブ王国で崇拝された、豊穣とセックスの神であるバール＝ベオルがキリスト教的な神との戦闘に敗れて、悪魔の軍団に編入されたともいわれる。バール＝ベオルはイスラエル人にも信者がいたと『旧約聖書』に記述がある。

ベルフェゴールはねじれた2本の角を持つ悪魔で、ウシのシッポを持つ。口はいつも半開きで、唇の端からよだれを垂らしている。彼は常に洋式トイレに座り、排泄しながら、崇拝者たちの前に出現するとされる。

ちなみに、この習慣はベルフェゴールだけのものではない。18～19世紀の西欧の王族はたいてい、洋式トイレ（当時は椅子状のオマル）に腰掛けて、排泄しながら、臣下に謁見していたからだ。特にフランスの歴代の王に顕著で、彼らは自らの神性を強調し、人間以上の存在であることを誇示する目的で、このようなことをした。

つまり、相手に恥ずかしい思いや、気まずい感じを強要することで、自分の優位を主張したのであった。ベルフェゴールも自分が大悪魔であることを、排泄を見せつけて主張したいワケである（けして、スカトロ好きなワケではない）。

また、彼はナイスボディの

人間界に浮気や不倫を蔓延させるのが、生きがい

美女の姿で出現するのを好んだ。その姿で人間の男に痴女状態で迫って、性欲のトリコにし、堕落させるためである。

一方、女性に憑いて性欲を増進させ、自ら進んで売春婦になりたくさせる。人間界に浮気や不倫を蔓延させるのが、彼の生きがいだ。

ある時、地獄で「人間界には幸せな結婚がありうるのか？」という論争が起きたことがある（地獄はよほどヒマだったのであろう）。この時、ベルフェゴールはよせばいいのに地上に出かけ、世界中の夫婦生活を検分して回り、地獄に帰って、「人間界に幸せな結婚生活は存在しない」と報告。論争に終止符を打った。

だが、ベルフェゴールの出現するところ、その魔力によって、人間の男女は性欲のトリコとなり、浮気や不倫が蔓延するのだから、この調査を彼が行なうというのは、ハッキリ言って向いていなかったのではないだろうか？

しかし、そんなベルフェゴールだが、彼は下品なだけではなく、発明と発見、創意工夫も司る。人間を堕落させるだけの悪魔ではないのだ。

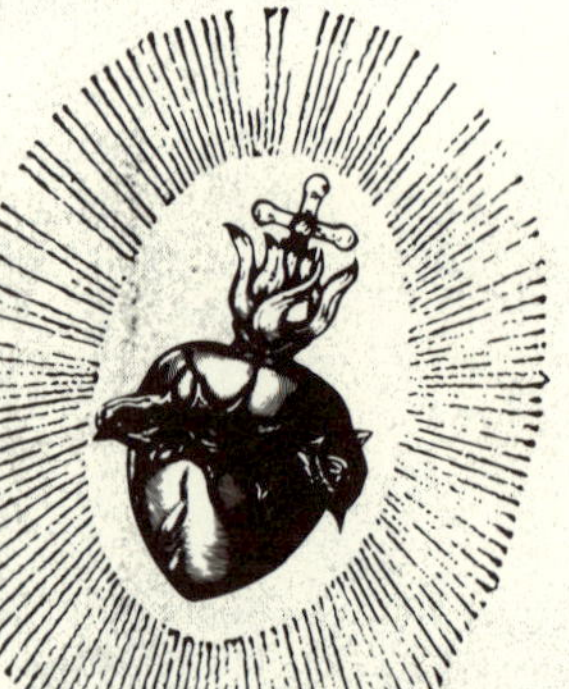

Novel

『高等魔法の教理と祭儀』（著者：エリファス・レヴィ／出版元：人文書院／発行：1982年）〈写真は原書〉

これを読んでいないと魔術界ではモグリ!?

「教理篇」と「祭儀篇」に分かれた、魔術師の必読書。錬金術、ヘルメス学、キリスト教神秘主義などの研究と実践を行った魔術師レヴィによる「典礼魔術」の集大成で、のちの西欧魔術界に多大な影響をあたえた。これを読んでいない人間は魔術業界ではモグリだといわれても仕方がない。

Novel

『悪魔の系譜』（著者：J・B・ラッセル／出版元：青土社／発行：1990年）

古代から現代まで悪魔像の変換を克明に解説

『悪魔』『サタン』『ルシファー』『メフィストフェレス』の「悪魔概念史４部作」で、「裏キリスト教史」としての悪魔の歴史を辿り、「悪魔とは何者なのか？」という疑問に答えたラッセルが、その成果を集成した一冊。「４部作」においての誤りが修正されるなど、著者のマジメさが伝わってくる。

Great DemonKing File 18

悪魔界の生き字引

オティス Otis

「ボティス」(Botis) の別名もある地獄の大総裁。60の軍団長。ソロモンの72柱の悪魔のひとり。

角のあるマムシの頭に人間の身体で、毒のある剣を持っている。

「醜悪公」という、ありがたくない称号で呼ばれることもある。

彼は過去・現在・未来のことをなんでも知っている。

崇拝者の仲たがいした友人との仲を修復してくれる。

Great DemonKing File 19

地獄のビューティーコロシアム

オリアス Orias

大侯爵で、30の軍団長。「オリアクス」(Oriax) とも呼ばれる。ソロモンの72柱の魔神の1柱。ヘビのシッポを持つ馬に乗ったライオンで、両手に1匹ずつマムシを持っている。

天文学と占星術の権威で、あらゆる占い師を守護する。人間界に占い師や、スピリチュアルな人々を増やすのが、彼の使命である。

崇拝者が頼めば、望みのルックスに変身させてくれるし、社会的地位を向上させ、成功者にしてくれる。

Great DemonKing File 20

魔性のエジプト王女

ゴモリー Gomory

地獄の公爵。26の軍団長。ルシファーの副官のひとりでもある。

王冠を被ったナイスボディの美女で、ヒトコブラクダに乗っている。

過去・現在・未来のすべての事象を知っている。また、隠された財宝のありかにも詳しい。

「ガモリー」（Gamory）、「グレモリー」（Gremory）、「ゲモリー」（Gemory）とも呼ばれる。

ソロモン72柱の大悪魔の1柱。

Great DemonKing File 21

魔界の闇狩人

バルバトス Barbatos

公爵にして伯爵。30の軍団を率いる。ソロモン王の72の魔神の1柱。狩人の姿で、猟銃を持っている。

彼の周囲にはいつも4人の王冠をかぶったホルン奏者がおり、出現する時にテーマ曲を奏でる。元「力天使」だったとも、「主天使」だったともいわれる。

あらゆる動物の言葉を知っており、動物や鳥の鳴き声で未来を予知する能力がある。そして、魔術師たちの財宝のありかをすべて知っている。

崇拝者には友人間の諍いを調停してくれる。

Great DemonKing File 22

炎の堕天使

アミー Amy

地獄の大総裁で、王のひとり。ソロモン72柱の魔神の1柱。36の軍団長。

炎に包まれた天使の姿。もとは「能天使」だった。

さまざまな学問を知っており、占星術にもくわしい。

自分の崇拝者たちには財宝をあたえ、使える部下や、使用人を紹介するリクルートの能力を持つ。

彼は今でも天国に戻ることを夢見ていて、「20万年後に天国で出世できるといい」などと世迷事を言っている。

Great DemonKing File 23

城塞の魔神

サブナク Sabnock

「サルマク」(Salmac)、「サブノック」(Sabnock)、「サブナッケ」(Sabnacke)の名でも呼ばれる大侯爵。50の悪魔の軍団を率いる。ソロモン王の72柱の大悪魔のひとり。

頭がライオンの武装した騎士で、醜い馬に乗っている。

城や要塞、軍事基地の建設が得意。人間を石にする超能力がある。

また、彼につけられた傷はどんどん腐っていくという。

Great DemonKing File 24

殺人鬼の神様

アンドラス Andras

大侯爵。30の軍団長。ソロモン72柱の魔神の1柱。

フクロウの頭の天使の姿をしている。片手にはかならず剣を携えており、黒いオオカミに乗っている。

人間界に不和や裏切り、ケンカ、戦争を増やすのが彼の生きがい。

崇拝者にはありとあらゆる殺人と拷問の方法を教えてくれる。

連続殺人鬼として有名になりたい人は彼の崇拝者になるといいだろう。

Great DemonKing File 25

地獄のファッションチェック

アドラメレク Adramelech

地獄上級議会の議長。一方で、地獄の王族たちの衣装デザイナーにして、スタイリスト。

彼の宮殿は悪魔の衣装で満載。どんな悪魔にも似合うオシャレな服を見立ててくれる。非常に辛口な服飾評論家でもある。

ロバの頭に人間の身体、クジャクの尾羽を広げている。魔法使いの召喚には、ロバか、クジャクのどちらかの姿で出現する。

古代アッシリアでは神として崇拝され、神官たちは生きた子供を丸焼きにして捧げていたという。

Great DemonKing File 26

策略家の恐怖公

バラン Balan

地獄の王のひとり。「バラム」（Balam）とも呼ばれる。ソロモン72柱の魔神の1柱。40の軍団長。
中央に人間、右に牡牛、左に羊の3つの頭部を持つ人間の姿で、ヘビの尻尾もついている。クマに乗り、片手にタカをとまらせている。
元「主天使」だった堕天使。陰謀や策略のエキスパート。過去・現在・未来のすべてを知っている。
崇拝者を透明人間にしてくれる。

Great DemonKing File 27

地獄のネゴシエーター

オロバス Orobas

地獄の王のひとり。ソロモン72柱の魔神のひとり。20の軍団を率いている。馬の頭と後足を持つ人間の姿をしている。
過去・現在・未来に詳しく、なんでも教えてくれる。そして、どんなウソも見破る方法を知っている。
崇拝者の社会的地位を向上させるばかりか、交渉能力の権化で、敵対者を懐柔して、和解への道を開く。会社同士の合併などに才能を発揮する。

Great DemonKing File 28

魔界のフクロウ博士

ストラス Stolas

地獄の王のひとりで、76の軍団を率いる。ソロモン72柱の魔神の1柱。

王冠をかぶったフクロウの姿か、時には銀の爪を持ち、目が赤いカラスの姿で出現する。

天文学の権威で、占星術も得意。植物学、鉱物学にも詳しい。

崇拝者にはハーブの効能や、パワーストーンについて教えてくれる。

「ストロス」(Stolos)と呼ばれることもある。

Great DemonKing File 29

魔のカラス軍団長

ナベルス Naberus

「ネビロス」、「ナベリウス」(Naberius)ともいう、地獄の侯爵。軍事総監にして、19の軍団長。

カラスの姿をした悪魔。黒いツルの姿の場合もあるといわれる。

あらゆる学問に精通し、特に鉱物学、植物学が得意。

崇拝者には雄弁術や、どんな相手からも好かれる術を教えてくれる。未来を予知することもできる。

ソロモン72柱の魔神の1柱。

魔の数学者

タップ

Tap

現代の「一般的悪魔像」に、もっとも近い姿形を持つの堕天使

「ガープ」、「ガアプ」(Gaap)とも呼ばれる地獄の王。大総裁の地位にもある。60の軍団長。ソロモン王が召喚した72柱の魔神のひとり。地獄の西方に領土を所有している。

2本の角に大きな耳、コウモリの翼を持ち、一般的な悪魔のイメージに近い姿をしている。常に4人の王様を引き連れているともいう。

もとは「能天使」だった堕天使。彼もまたルシファーの神への反乱に加わった天使のひとりだったのだ。『旧約聖書』の偽典とされる、天使を目撃したという預言者エノクが書いた、「エノク書」にも、「堕天使ガープ」として名前が挙がっている。

人間界に理不尽で狂った愛情を抱く者を増やし、憎悪を振りまき、ストーカー犯罪や、無理心中事件、ドメスティック・ヴァイオレンス（DV）を引き起こす。

また、国家規模でも戦争やテロのきっかけを作り、権力者同士の猜疑心を煽り、紛争の火種を掻きたてるのも得意技である。

数学の権威で、数学に関する本を書くのが趣味。彼の著書は闇の世界の書店で流通しており、歴史上の成功した数学者の多くが、タップの本の理論をパクッていたともいわれる。物理学も得意分野だ。

そのせいか、数学や物理学では「○○の悪魔」という言い方がいくつか存在する。

「マックスウェルの悪魔」は、物理学者のジェイムズ・クラーク・マックスウェルが、1872年に提唱した統計力学上のパラドックス。通常、こ

物理学者・マックスウェルたちの称える「悪魔」の正体はタップ!?

の宇宙では熱は時間が経つにつれて冷えていくという方向性しか持たない。だが、エネルギーは逆方向にも進むことができるのではないか？ という「仮説」をマックスウェルは考えた。この時に現実的には起き得ない、エネルギーの逆流を司る存在を「悪魔」と呼んだ。

この「悪魔」が実在すると仮定すると、「無」から「有」を産むことができる。すなわち「永久機関」が可能になる。

また、いったん混ざった2種類の液体を再度、2つに分離できるようになる。

「ラプラスの悪魔」は19世紀の数学者ラプラスが提唱したもので、彼はすべての原子の位置と動く方向、その速度を知れば、未来を予知できるのではないかと考えた。そのような原子についてすべてを知る存在がいるとすれば、それは「悪魔」だというのが、ラプラスの仮説だった。

この仮説は20世紀になって、原子の運動に法則性がなく、ランダムであることがわかったために否定されてしまった。

だが、そんな科学の進歩とは無関係に、タップは未来を予知する超能力を持ち、崇拝者を好きな場所に瞬間移動させてくれる能力を持つ。

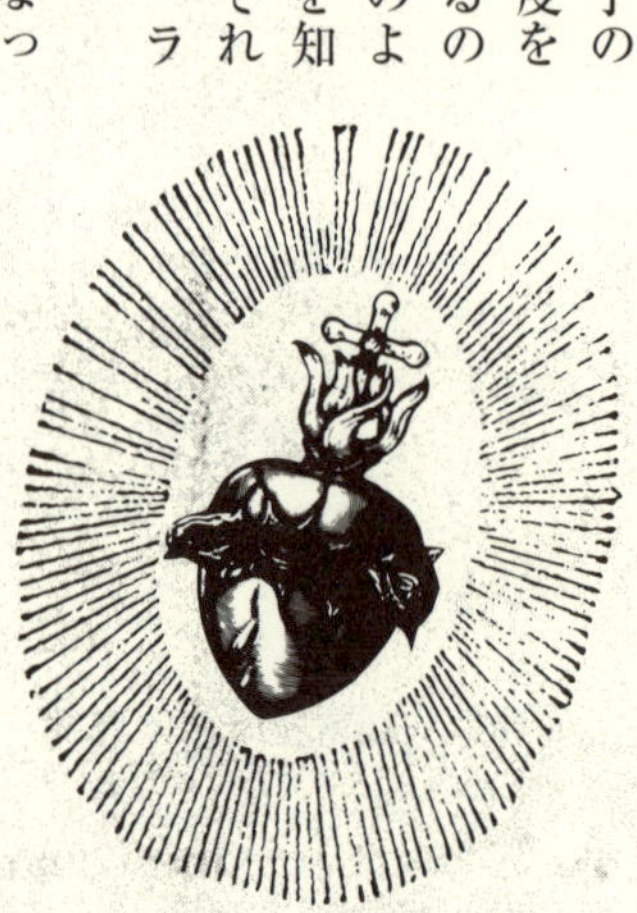

Novel

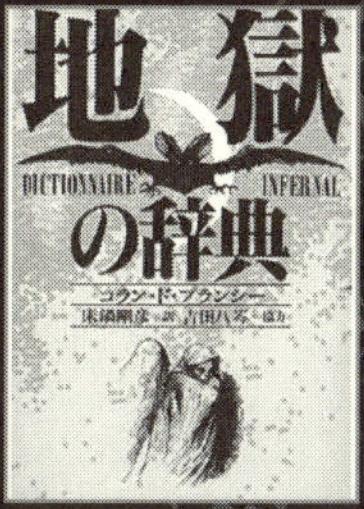

『地獄の辞典』（著者：コラン・ド・プランシー／出版元：講談社／発行：1990年）

いくら見ても飽きない550の挿絵付き辞典

19世紀のフランスのライター、コラン・ド・プランシーが集成した、悪魔の辞典。悪魔だけでなく、西欧の魔術、占い、迷信、超自然現象まで、幅広い項目を誇る。また、「鬼」「天狗」といった日本の項目もある。そして、この本の悪魔のイラストは、後世の悪魔辞典すべてに強い影響をあたえた。

Movie

『コンスタンティン』(監督：フランシス・ローレンス／製作国：アメリカ／配給：ワーナー・ブラザース映画／製作年：2005年)

現実世界の裏で天国と地獄がせめぎ合う

アメコミ「ヘルブレイザー」を原作にしたキアヌ・リーヴス主演作。地獄から生還したという経歴を持つオカルト探偵が、父親ルシファーの承認を得ずに、地上を支配しようとする息子の陰謀を阻止せんと戦う。ラストにルシファーが出現するが、白いスーツのマフィアのボスみたいな人なのが意外とカッコイイ。

Great Demon King File 31

「怠惰」の恐怖公

アスタロト

Astaroth

「ルシファーの反乱」で地獄に落ち、醜い悪魔に成り下がる

大公爵。地獄の40の軍団長。「アスタロス」「アシュタロス」(Astaroth)とも呼ばれる。ソロモン72柱の大悪魔の1柱。また、地獄の西方を支配している。彼は「怠惰」を象徴している。人間界に怠け者を増やすのがアスタロトの使命だ。

王冠を被った醜い天使で、かならず左手にマムシを持ち、翼のあるドラゴンに乗っている。もとは上級天使の「座天使」で、ルシファーの反乱に加わって地獄に落とされ、悪魔になった。

かつて、シドニア人やペリシテ人は彼を崇拝したという。この時には「彼」はナイスボディの美女の姿で「アシュタロテ」と呼ばれる女神であった(天使や悪魔はたいてい両性具有だから、不思議ではない)。

『旧約聖書』によれば、ユダヤ人もアシュタロテを崇拝していたことがあるという。しかし、神はユダヤ人たちに「異端の女神を信仰してはいけない」と怒ったため、次第にアシュタロテ信仰は弾圧されるようになり、最終的には「憎むべきアシュタロテ」と呼ばれる悪の女神と化していく。

さらにキリスト教が登場すると、アシュタロテと同一の女神で、バビロニアで崇拝された性愛と豊穣を司る「イシュタル」が弾圧される。イシュタルの神殿では神官と娼婦たちが乱交していたからだが、これは豊穣をもたらす儀式の一環だった。

だが、禁欲的なキリスト教から見ると、淫祀邪教なワケ

召喚した後は、長い「自分語り」と、キツい体臭に耐えねばならない

で、これもまた弾圧のいい理由になった。

「最後の審判」の最終戦争で出現する「黙示録の獣」に乗っているとされる「バビロニアの娼婦」というのは、これが出典。

そして、アシュタロテとイシュタルのイメージと堕天使のイメージが合体して、現在のアスタロト像を形成していったとされている。

自然科学が得意分野で、過去・現在・未来のあらゆる出来事を知っており、あらゆる学問の権威。崇拝者には気前良く教えてくれる。世界中の成功者、金持ち、セレブを紹介し、関係を取り持ってくれる。

だが、同時に神が天使を創造した経緯にはじまって、神の寵愛が人間に移り、ルシファーが嫉妬して、反乱を起こし、最終的には地獄に落とされた一部始終の長話を聞かなければならない。

彼は自分が悪魔にされたことが不当だと思っているので、この話をしているうちに激昂し、見境なく、暴れだすことがあるため、彼を召喚した人間は気をつけなければならない。

また、アスタロトは全身から異常な悪臭を発しているので、呼び出した魔術師が失神したこともあるほどだ。

昔は彼の臭いを消す効力のある魔力のシルバーリングが珍重されたが、今ならガスマスクなどで代用できるだろう。消臭スプレーも携帯すること。

Novel

『世界魔法大全１　黄金の夜明け』（著者：江口之隆＋亀井勝行／出版元：国書刊行会／発行：1983年）

魔術結社「ゴールデン・ドーン」の謎に迫る

メイザースを筆頭に、クロウリーなど、有名魔術師を多数輩出、現代の魔術理論を確立した、イギリスの魔術結社「ゴールデン・ドーン（黄金の夜明け団）」の歴史と、その魔術理論を解説した、本邦初の本。『世界魔法大全』全７巻（国書刊行会）の一冊で、この選集は魔術師の必読書だ。

Movie

『スポーン』（監督：マーク・ディッペ／製作国：アメリカ／配給：ギャガ・コミュニケーションズ／製作年：1997年）

「愛」の前には善悪の基準すら意味なし！

悪魔王メルボルジアは地獄に落ちた人間を地獄の戦士スポーンに改造し、最終戦争用の軍団を作っていた。ＣＩＡの暗殺者アル・シモンズは、悪魔王の目に留まり、スポーンにされた上、妻子をはじめ、人生のすべてを奪われてしまう。監視役の悪魔クラウンにもイジメられ、次第に人間性を失っていくのだが……。

本当は怖い天使の話

～「神の国」の実態に迫る！～

天使は正義の味方である。悪いコトは許さない、イイ人たちだ。人間を悪魔の誘惑から守ってくれるし、第一イケメンばかりである。天使に癒されるという人も数多い。

でも、それは本当なのだろうか？　なぜなら、天使は軍人ばかりだからだ。天国は強力な階級制の軍事国家だ。彼ら「神の軍団」は、「悪魔の軍団」に対抗するためと称して、軍備を増強し続けている（まあ、悪魔の軍団陣営でも同じことだが）。天使が人間を天国に導こうとするのは、単に地獄と敵対しているからにほかならない。

もともと天使については謎が多い。『旧約聖書』にも、天使の登場率はそんなに高くない。のちの時代に成立した「エノク書」などの外典で、ようやく天使について詳しく語られるようになる。また、中東で成立したとされる「偽典」のひとつ、「天上位階論」なども、天使の研究を大きく進めるのに役立った。

一般的なイメージとかけ離れた天使たちのおどろおどろしい姿

これらの文書によると、天使たちは大きく9つの階級に分類され、完全な上下関係に縛られた存在であることがわかる（次ページの図「天使の9階級」参照）。

これらの天使たちを率いるのが「4大天使」である。最上級の「熾天使長」が4大天使の筆頭であるミカエルで、彼は「力天使」と「大天使」も統括する権限がある。

当然、ミカエルは「神の軍団長」であり、その使命は「悪魔の軍団」を全滅させることにある。彼が相手を「悪」だと判断すれば、かならずその相手を殲滅させる。彼は「神の兵器庫」も管理し、ここに所蔵してある神の鎧と剣で武装している（完全武装している天使は彼だけである）。また、人間の魂の罪の重さを量る天秤を持っている。

天使の9階級

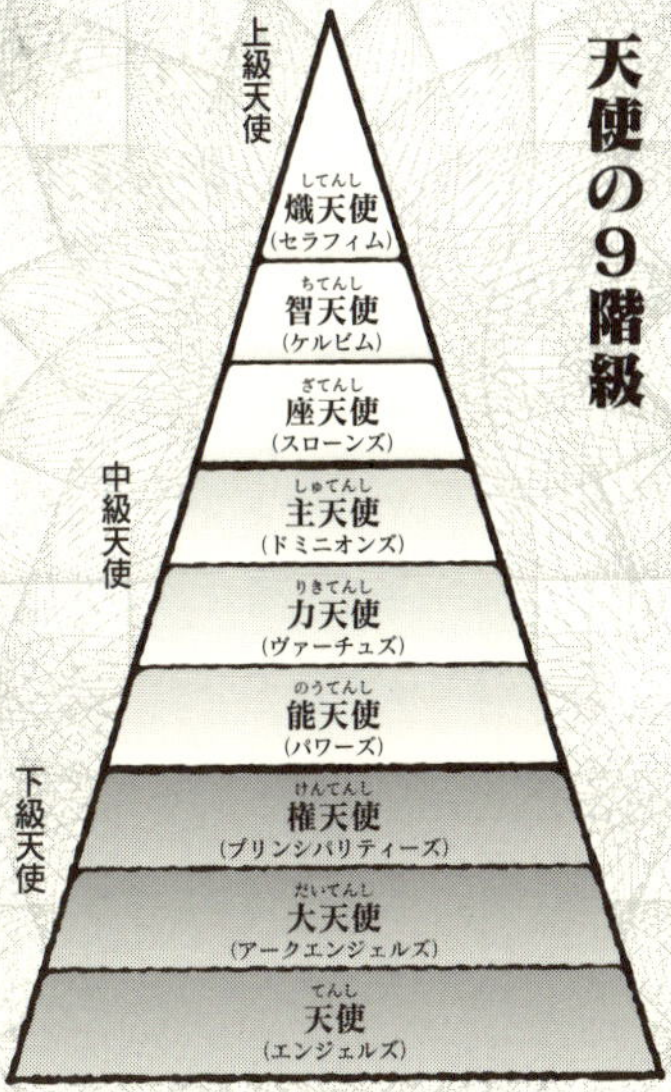

「智天使長」は、ガブリエルで、多くの天使が両性具有であるにもかかわらず、女性だと特定されている。彼女は戦いを好まず、人間に「預言」と「啓示」をあたえる、神のメッセンジャーである。聖母マリアに処女受胎の告知を行なったのも、ガブリエルで、彼女の役割が一般人の持つ天使のイメージにいちばん近い。

ラファエルは「力天使長」で、病気や怪我の治療を司る。また、若者と旅行者を守護する使命を持つ。ウリエルは炎を司り、罪人や悪魔を超高熱の炎で焼き尽くす。炎の剣と楯で武装し、炎を使った拷問も得意である。

「熾天使」たちは天界にいるときには、燃え盛る炎の塊の姿であり、実体化した際には、4つの頭が四方を向いていて、それぞれに4つの顔がある、6枚の翼を持つ存在になる。手足はない。『旧約聖書』の「民数記」では、「熾天使」は空を飛び、火を吹くヘビの姿だと記述されている。そして、堕天する前のルシファーもこの地位の天使だった。

「智天使」たちは人間と牛とライオンとワシの4つの頭と4枚の翼を持ち、この翼にはビッシリと眼がついている怪物だ。

「座天使」になると、もっとスゴイ。彼らは横向きに回転する車輪で、その周囲に16の顔がくっついている。車輪の四方に向かって100の翼が突き出し、無数の眼がついているのだ。

『竜を踏む大天使ミカエル』
15世紀にJosee Lieferinxeが描いた最後の審判でのミカエル。剣、鎧、天秤で完全武装し、涼しい顔で竜を踏みつけているが、よく見ると口の中に足を突っ込んでいるのがエグい！

「座天使」の姿は生き物ですらない。彼らはもとは上級天使たちの乗り物だったとされる。はたして、天使大好きな人たちは、こんな姿を見て癒されるのであろうか？

「中級」以下の天使になって、ようやく一般に知られる天使の姿に近くなる。

だが、メタトロンという天使になると、左右36対の翼を持つ巨大な火柱であり、その翼には無数の眼がついているというモンスターである。メタトロンは元・人間で「エノク書」を書いた、預言者エノクが神に認められて天使にされた姿なのだ。元・人間の天使は非常にめずらしい。

もうひとり、メタトロンの双子の兄弟だとされる、サンダルフォンという天使がいる。サンダルフォンはかつてエリヤという預言者だった。ちなみに「サンダル」はサンダルフォンが履いている履物からヒントを得て作られたので、この名で呼ばれるようになったという。エノクと同時期にエリヤも神に認められ、生きながらにして天に召され、天使になった。

元・人間であるのにもかかわらず、メタトロンとサンダルフォンは神の寵愛を得て、4大天使の管轄の外で自由に活動できた。特にメタトロンはこの立場を利用して、調子に乗った行動を取ったため、神はほかの天使たちの見せしめのため、アナフィエルという天使にメタトロンへの懲罰を命じた。アナフィエルは先端が60本にも分かれ、しかも、炎に包まれたムチでメタトロンをムチ打ったという。これではSMそのものである。

だが、メタトロンを気の毒に思う必要はない。彼は「出エジプト記」で、エジプトに伝染病を蔓延させ、毒カエルや虻を大量発生させた。続いて大量の雹を降らせて、エジプト人たちを大量に殺したことがあるのだ。

神の命により、地球を壊滅させる手加減知らずの天使たちが

すでにおわかりのように、天使たちは普段、我々が思っているような癒し系の人たちではない。悪魔と見分けのつかない想像を絶するモンスターであり、相手を拷問したり、焼き殺したりするのは当たり前だ。

そんな天使たちの最終的な目標は、地上に天国をもたらすコトにある。「ヨハネの黙示録」に記述されている「最終戦争」では、悪魔の軍団を滅ぼしたあと、この世は神と天使と彼らの崇拝者のモノになるという。いかにもよさそうな話に思えるが、はたしてそうだろうか？

「ヨハネの黙示録」によると、この世に破滅をもたらすのは、天使たちだ。復活したイエス・キリストが封印を解くと、天界から4人の天使が地球

に派遣されてくる。

　第1の天使は地上に戦争を起こして回る。第2の天使は平和を奪い、人間に殺人の欲求を発生させ、友人、知人、隣人同士で殺し合わせる。第3の天使は物価を高騰させ、世界的な不況をもたらす。第4の天使は大規模な飢餓、治癒しない伝染病を蔓延させる。

　それればかりか、「アルペー」（鉄蝗）という、子犬くらいの大きさのイナゴを大量発生させる。牙のある人間の頭を持つイナゴで、シッポはサソリ。胴体に鉄の鎧を装着している。これらが人間に襲いかかって、猛毒のサソリの尾で刺して回る。

　さらに7人の天使たちが登場し、大地震を起こした上、血まみれの雹を降らせる。これで、ほとんどの森林や草原が全滅する。次に高熱の巨大隕石を落とすことで、海や湖、川の生き物を全滅させる。その次に太陽光を遮って、地上を暗黒の世界に変える。同時に地上は急速に冷えていく。たいていの島は水没し、山は崩れて平地になる。

　これだけでも、そうとう人類には大打撃だと思うが、天使は手加減というコトを知らない。今度は4人の「死の天使」を派遣する。彼らは馬に乗り、大鎌で武装しており、これで人間を殺戮していく。しかも、彼らは2億人もの騎馬軍団を率いており、その馬は口から炎と硫黄を吐いて、生き残っていた人間たちを殺してまわる。

　それでも天使の殺戮は止まらない。最後には皮

『ベリー公のいとも豪華なる時祷書』
15世紀にフランスのベリー公が、ランブール兄弟に制作させた写本。パトモス島でのヨハネが描かれている。時祷書とはキリスト教徒が用いる聖務日課書で、祈祷文、賛歌、暦などから成る。

膚ガンを蔓延させるのである。
そして、地球は壊滅する。生き残るのは神の崇拝者だけ。これらはすべて悪魔がやったことではない。神の命により、天使が行なうことなのである。

14歳までの童貞くんのみが「神の国」に移住する権利を持つ

それでも生き残る人間はいる。彼らは神の崇拝者たちで、生き残れる人数は決まっている。イエスのほかに、14万4000人の男性が生き残れる。女は皆殺しだ。そして、これらの14万4000人の男は、女性と交わったことがあってはイケナイ。つまり、童貞くんのみが生き残れるワケである。彼らは額に「神の刻印」をつけられ、地上に到来する「神の国」に移住する権利を得る。

ちなみに「神の国」（ニュー・エルサレム）は縦横の辺が2000キロメートル以上もある巨大な立方体で、その箱の内側に、かつての「エデンの園」と同様の環境が再現されている。このような巨大な質量を持つ物体が接近してきた場合、それだけで地球は爆発してしまうだろう。

「神の国」に連れてこられた人々は「知恵の実」を食べる以前の状態で（つまり、無知で無垢、無恥な状態）、永遠の生命を得るのである。めでたしめでたし。

というワケで、童貞の人たちには朗報だが、セックスしちゃった人たちと女性にとっては悲劇的だ。とはいえ、「神の国」に住みたいかどうかと訊かれれば、ぜんぜん気乗りしないけど。

ちなみに年齢制限もある。「14歳までの童貞くん」なので、最近流行の「中年童貞」はダメなんです。残念！

Z級 NEWS KING

レストラン客のペニス消える!!

世界中で巻き起る悪魔的（？）なおマヌケ事件!! 人呼んで「Z級ニュース」!!

大事な部分が呪われた!?

呪術師の魔術で、レストラン客のペニス消える

ナイジェリアのデルタ州で、男性３人のペニスが相次いで消失するという事件が発生した。被害者の１人、ウフォマ・ユリウスさん（24）は語る。「レストランで食事をしていた時、突然、呪術師が乱入してきて、店のボーイのペニスに呪いをかけたんです」。ボーイは震えだし、「俺のペニス！俺のペニスがっ！」と叫んで、ユリウスさんにすがりついて助けを求めてきた。「すると、ああ！私のペニスも消えてしまったんです!!」。ユリウスさんもパニックに陥り、他の人に触れてしまったので、その人物のペニスも消失してしまったとのこと。この現象は「ペニス・パニック」と呼ばれる集団ヒステリーの一種で、世界中で事例があるという。呪いをかけた呪術師オビンナ・エロケ（24）は、現在刑務所にいる。

小さな陪審員は天使？悪魔!?

３人の小人に未来を教えてもらい判決を出していた裁判官

フィリピン・マニラ郊外マラボンの予審判事だったフロレンティノ・フロロ元裁判官は、報道陣に「解雇されたのは不当です！訴えるつもりですよ！」と語った。フロロ元裁判官は、以前から「未来を見通す力が芽生えた」、「アーマンド、ルイス、エンジェルという名の“３人の小人”たちに、判決の相談にのってもらっている」と公言していた。最高裁判所は調査を開始。フロロ元裁判官は判決に偏りがあり、裁判官として不適格だと判断。精神科へかかることを勧め、解雇処分とし、罰金４万ペソ（約８万9000円）を支払うよう命じた。崇拝者には未来を教えてくれるという悪魔はたくさんいる。３人の小人の正体は、本書でも紹介したカイム、バラン、オロバスあたりだったのではあるまいか!?

まぁ、当然の結果!?

「石投げ祭り」でまさかのケガ人続出!!

インド北部の州都・シムラ近くのダーミ村で行なわれた伝統的な祭りで、今年も何百人ものケガ人が出た。その祭りというのが、"村人が2チームに別れ、ひたすら石を投げ合い、ケガ人が少なかった方が勝利"というもの。この石投げ祭り「サティ・プラーダ・メラ」は、100年程前に「サティの儀式」で亡くなった女王の鎮魂を願って、石を投げ合ったのが始まりだ。「サティの儀式」とは、夫が妻より先に死んだ場合、妻も火葬の火で一緒に殉死しなければならないというヒンドゥ教の古い風習である。村人によると「毎年のことだから、みんな石を避けるのには慣れたもんなんだよ。なのに、ケガ人がいっこうに減らないんだ。不思議だよね」、「もしかしたら女王の呪いかもなあ」だそうだが!?

萌える!?「魔女メイド」さん

全裸のメイド、雇い主の息子に「愛の呪術」をかけ逮捕

クウェート地元紙の報道。サバーハさん一家は、2歳になるひとり息子・カーレド君の世話役としてメイドを雇った。メイドは真面目そうで、一家も喜んでいた。ある日、浴室からカーレド君の泣き声がずっと聞こえてくるのを変に思い、様子を見に行ったカーレド君の祖母は、驚きのあまり声を失った。なんと全裸のメイドが、泣き叫ぶ孫息子の身体に、謎の液体をかけ、呪文のような言葉を唱えていたのだ。しかも、その液体には無数のハエとコオロギが入っていた。「な、何をしてるの？」。ようやくそれだけ言えた祖母は、次の言葉で腰を抜かした。「あ、大奥様。今、カーレドぼっちゃまが私を永遠に愛するように呪術をかけていたんですよ」。メイドは現在、警察に事情聴取を受けているという。

信じる者は（足元を）すくわれる!?

ライオンに説法したキリスト教徒の末路

台湾北部にある都市・台北の地元紙は、動物園のライオンの檻に、大変熱心な伝道者が現れたと報じた。キリスト教信者であるリーさん（46歳）は、百獣の王・ライオンをなんとかキリスト教に入信させたいと思い、檻の中に侵入。しかし努力の甲斐もなく改心させる事に失敗し、噛まれて大ケガを負ってしまった。たまたま居合わせた家族連れはこう語る「ビックリしましたよ。急に中年男性が"獅子よ！神はあなたを救ってくれるのです！"とか"さぁ、こちらへ来て私に噛み付いてごらんなさい！"などと大声で叫んでライオン達に近づいていってしまったんです」。そして、その中にいた一匹の雄ライオンが、"言われた通りに"リーさんの右足と腕にカブリカブリと噛み付いたのであった。

昆虫界の邪神!?

ゴキブリの精神を乗っ取り操る恐怖の蜂「セナガアナバチ」

クトゥルー神話の邪神・ガタノソアの息子「ツァール」と「ロイガー」は、人間の精神を自由に操る能力を持っているが、昆虫界にも同じ能力を持つ蜂がいる。その名は「セナガアナバチ」。セナガアナバチは、ゴキブリの触角を手綱のように使って“操縦”することができるのだ。やり方はこうだ。まずゴキブリの脳に針を突き刺す。その後、「自ら逃げる」行動を司る反射中枢を探り当て毒液を注入し、脳を半麻痺状態にさせる。ゾンビとなったゴキブリはセナガアナバチの「触覚手綱」の操縦でもぞもぞと動き、セナガアナバチの巣穴まで連れて行かれる。ゴキブリはおとなしくそこに座り、体内に卵を産みつけられても抵抗できず、最後には、セナガアナバチの幼虫に体内から食べられてしまうのだ。

リアル・デビルマン!?

緑色の血液が身体に流れている男

イギリスの医学誌「The Lancet」に、緑色をした血液を持つ患者についての論文が掲載された。カナダ・バンクーバーのセントポール病院に、緊急オペが必要な42歳の男性患者が搬送されてきた。このオペでは、動脈に管を入れ血液を抜く必要がある。医師が患者の手首動脈から管を入れたところ、管に流入してきた血液は見慣れた赤色ではなく、なんとアボガドの皮のような緑暗色だった。オペ室のスタッフ全員が愕然としたのは言うまでもない。後の検査で、患者の偏頭痛治療薬「スマトリプタン」の大量服用による、サルフヘモグロビン血症（血中の硫黄族物質が増え、血が緑色になる）であると判明した。なにはともあれ緊急手術は無事成功し、血の色も偏頭痛薬の服用を止めたら元の赤色に戻ったそうだ。

肛門の錬金術師!?

「肛門マッサージは万能の治療法」と信じる医師、解雇

ノルウェー、ノード・トロンデラグ公立病院のスウェーデン人の医師が、患者に独自の治療法を施したことが原因で解雇された。その治療法とは、“患者の肛門をマッサージする”というもの。このスウェーデン人医師、すべての痛みは“肛門マッサージ”でたちどころに良くなると信じ込んでおり、ちゃんと論文も書いている。しかし医療監視委員会は、この主張に現実味はないと結論付けた。実はこの医師、複数の病院でこの治療法を実践し、その先々で解雇されている有名人。実際に肛門マッサージの犠牲者である老人は「頭痛と腰痛で治療に行ったのに、なんか変だと思ったわい。痛みが治ったかって？ う〜ん…マッサージにビックリして一瞬痛みが飛んだのは確かじゃけど……」と話している。

第2章
魔術師File

Great Demon King File 32

賢者の石を所有する自然魔術の大家

パラケルスス

Paracelsus

家業の病院を継ぐ傍ら、魔術、錬金術、占星術の勉学に励む

1493年、スイス・チューリッヒ近郊のアインジーデルンで、アウレオルス・フィリップス・テオフラストゥス・ボンバストゥス・フォン・ホーエンハイムとして生を受けた。

家業は医師で、裕福な家庭だった。一方、母親を早くに亡くしているが、彼は学業に励んで、医師になる。さらに鉱山学校でも学んで、鉱物学や工学の知識を身につけた。同時に修道院でキリスト教はもとより、魔術、錬金術、占星術を学んでいる。

ホーエンハイムはその後、スイスのバーゼル大学を卒業すると、イタリアに渡って、フェラーラ大学に入学。ここも優秀な成績で卒業するのだった。1525年にはバーゼル大学の医学部の教授の職を得ている。

しかし、大学教授は彼の性格に合わなかった。ホーエンハイムはヨーロッパ各地を転々とし、医師をしながら、魔術師として成長していく。

この頃から彼は「パラケルスス」と名乗るようになる。この名は「パラ・ケルスス」（ケルススを越える）から考案されたといわれるが（「ケルスス」とは、古代ローマの名医。彼はこの伝説的な医師を「越えてやる！」と意気込んでいた）、また、本名の「ホーエンハイム」をラテン語訳したものでもある。

医師としてのパラケルススは鉱物学を学んだ経験から、当時、一般的な医師が治療に、亜鉛や水銀、アンチモンといった金属性の毒物を使用しているのに疑問を抱き、これら

「賢者の石」がついた「魔の剣」を持ち、「ホムンクルス」を製造

の効能と毒性について再検討を行なった。また、当時の医師は見向きもしなかった「膿」の研究をして、患者の病気を特定する方法を考案している。

魔術師としてのパラケルススは「自然魔術」の大家であったが、常に「魔の剣」を持ち歩いていた。剣の柄には「球」がついており、ここに召喚した悪魔が封じられていた。また、あらゆる金属を黄金に変えるといわれ、錬金術師たちが喉から手が出るほど欲しがっていた「賢者の石」も、この柄の部分に入っていたという。

パラケルススは自分の敵には悪魔を派遣して破滅させた。一方、気に入った相手には「賢者の石」を分けてあげた。「賢者の石」は黄色いゼリーのようなモノで、それを塗った金属は黄金に変化したとか。

さらに彼は医術と錬金術を合体させた方法により、人工の生命体「ホムンクルス」を作る実験を行なった。

「ホムンクルス」は密封したガラス容器の中で育てることのできる小さな人間で、世の中のあらゆることに精通しているが、ガラス容器の中でしか生きることができないという。しかし残念なことに、パラケルススの「ホムンクルス」は偶然にも、ガラスが割れたため、消滅してしまった。

１５４１年、パラケルススはザルツブルグで原因不明の謎の死を遂げた。同業の魔術師の呪術攻撃によるとも、医師が雇った暗殺者によって殺害されたともいわれる。

自然魔術

一般に、普通に存在している「自然」が相互に関係しているという前提で、ある現象とある生物とが照応関係が生じ、そのことからどちらかに一定の状況をあたえると、任意の現象が起こせるとする魔術。

もっとも初期の段階から、人間はこの種の魔術を信じるようになった。これを人類学用語では「共感呪術」と呼ぶが（ジェームス・フレーザーの『金枝篇』を参照すること。※）、魔術的には「類感魔術」とか「接触魔術」という。人間と、植物、鉱物などとの照応が、この種の魔術の源泉となった。

近代以降の魔術概念では、宇宙規模の「マクロコスモス」が、人間の肉体と精神、いわゆる「ミクロコスモス」に、互いに照応していると考える。なので、人間が一定の神秘的行動（呪文を唱えるとか、儀式を行なうとか）することにより、世界規模に影響をなすことが可能だとされた。

※：「きんしへん」と読む。英題『The Golden Bough』。イギリスの社会人類学者、ジェームズ・フレイザーによって著された未開社会の神話・呪術・信仰、魔術・呪術、タブー、慣習に関する集成的研究書。1890年に初版発行。「クトゥルー神話」でも引用されることが多いが、実在する本。

Great Demon King File 33

天使の言語「エノク」を解した交霊師

ジョン・ディー

John Dee

裕福な家庭の学業優秀な青年が占星術と錬金術にハマった

1527年、イギリス・モントレーク出身。父親は宮廷に仕える役人で、裕福な家庭だった。当時の最先端の高等教育を受け、学業では非常に優秀な成績を修めた。15歳で飛び級でケンブリッジ大学に入学しただけでなく、大学の特別研究員になり、19歳の時、21歳で卒業した。

大学時代にディーは数学、幾何学、哲学、文学、占星術、錬金術など広範な研究をしている。その後はフランスのルーヴァン大学に留学。同時にパリ大学で数学の教授になり、教鞭を取った。

1551年にディーはイギリスに帰国。国王エドワード6世の宮廷に占星術師として就職する。だが、2年後にメアリ女王が即位すると、女王を魔術で操ろうとする「黒魔術師」として逮捕、投獄されてしまう。1558年、エリザベス1世が即位すると、今度は女王に気に入られ、宮廷に復帰する。

この頃から、ディーは水晶球を媒介にして、霊を召喚する研究と実験に夢中になる。1582年、彼はエドワード・ケリーという霊媒とコンビを組む。ディーは水晶球を通じて召喚した霊をケリーに憑かせて、情報を聞き出すという方法で、ついに霊と接触することに成功する。

さらに交霊実験を重ねた結果、ディーは大天使ウリエルを召喚し、天使の言語「エノク語」や、精霊を召喚する呪文と魔方陣などを教えてもらった。これが「エノク魔術」で、ディーはこれを文書化した。のちにこの文書はマクレ

魔術界に多大な影響をあたえたもの の、パトロン貴族に翻弄された人生

ガー・メイザースによって大英図書館から発見され、現代魔術に大きな影響をあたえることになる。

　ディーとケリーは、オカルトが大好きな、ハンガリー王にして、ボヘミア王で、しかも、神聖ローマ皇帝である、ルドルフ2世をはじめ、各地のオカルト好きな王侯貴族のもとを転々とする。だが、1587年に2人はコンビを解消する（ケリーがディー夫妻と「3Pしよう」と言い出したためだといわれる）。ディーはほかの霊媒や自分の息子を使って交霊を試みたが、以前のようにうまく行かなかった。

　1589年にイギリスに帰国。1596年にはエリザベス1世の推薦でマンチェスターのクライスト大学の校長になる。しかし、1603年、オカルトが大キライなジェームズ1世が即位して、ディーを校長職から解雇。その5年後にディーは死去した。

　一方、ケリーはルドルフ2世に錬金術師として雇われ、爵位まであたえられている。しかし、1591年、金の製造に失敗し、それをごまかそうとしたことに怒り狂ったルドルフ2世によって塔に投獄された。そして、脱獄に失敗して、塔から転落死した。

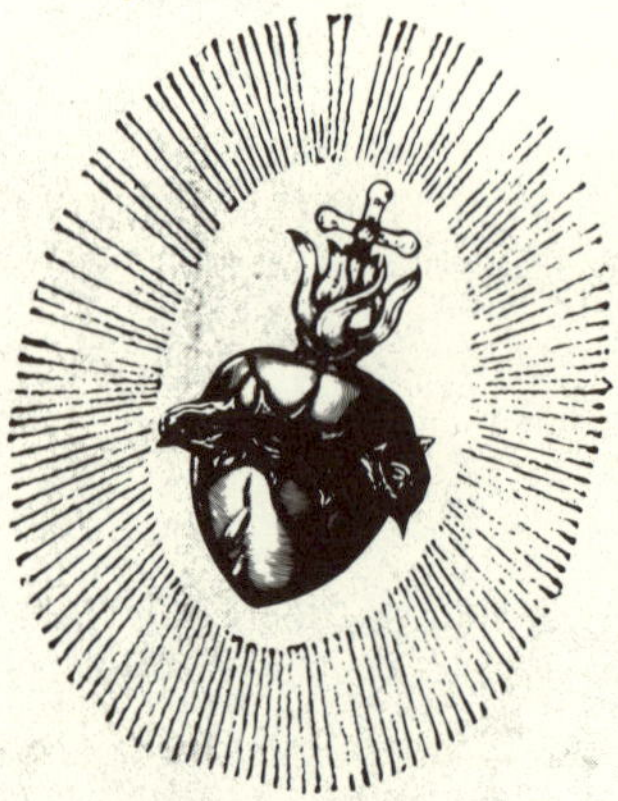

エノク魔術

ジョン・ディーが「召喚魔術」によって呼び出し、霊媒師エドワード・ケリーに憑依させた天使ウリエル（※）から聞き出した、天使の言語「エノク語」と、それを使用する魔術を「エノク魔術」と呼ぶ。もともと『旧約聖書』の「エノク書」はこの天使の言語で書かれていたという。

この言葉自体に強力な霊的パワーが込められていて、人間が正しく発音すれば、天使や精霊を召喚することが容易に行なえるとか。

これをディーは本に書き、それはのちにマクレガー・メイザースによって発見される。アレイスター・クロウリーは「エノク魔術」を使って、異次元を見てきたことがあるそうである。

また、クロウリーが「エノク語」で呪文を唱えているのを録音したレコードがあるそうだ。一説によると、このレコードをかけると、その室内の温度が急速に低下するらしい。

※：ミカエル、ラファエル、ガブリエルとともに四大天使に数えらるもっとも有力な天使。名前の意味は「神の光」。熾天使とも智天使ともいわれる。

Great Demon King File 34

時空を超越した魔術師

サン・ジェルマン伯爵

Comte de Saint Germain

無限の知識、十数の言語を操る 5万歳の魔術師がパリ社交界に現る

18世紀の半ば、フランス革命の直前に、フランスの宮廷に現れた謎の魔術師。生年・出身地など一切不明の人物で、1710年生まれとされているが、定かではない。

1750年、パリの社交界に突如として姿を現し、「サン・ジェルマン伯爵」と名乗った彼は、独特なカリスマ性と巧みな話術、幅広い知識で、社交界や宮廷で人気を博していく。フランス語はもちろん、英語、ドイツ語、ラテン語、ギリシア語、中国語など十数の言語を話すこともできた。

サン・ジェルマンはこの時、すでに「5万年」も生きていると自称し、「何回も死んでは復活している」と話したという。どんな時代の事件や事柄でも即座に説明し、「その事件の現場に立ち会った」と主張。しかも彼はその話が事実であることを示す「証拠品」なるものをどこからか取り出して見せるのだった。

当時の皇帝・ルイ15世の愛人、ポンパドゥール夫人はサン・ジェルマンをパーティーに呼び、彼をすっかり気に入り、ルイ15世にも紹介。皇帝もこの男を面白がって、宮廷に出入りできる特権をあたえた。彼は皇帝の傷ついたダイヤモンドを錬金術で修復したり、ポンパドゥール夫人に老化防止薬を処方するなどして、さらに信頼を得ていく。

一方、彼は普通の食事をせず、常に「不老不死の霊薬」なる、いまでいうサプリメントのような丸薬を1個食べるだけだったり、ポケットから大量のダイヤモンドを取り出

サン・ジェルマン伯爵は、人類にとっての「守護霊的存在」!?

してみせたりして、神秘的なイメージを広めていく。

皇帝はサン・ジェルマンを重用し、イギリスと新大陸植民地の運用でモメた時に彼を派遣して和平交渉にあたらせるほどだった。当然、外務大臣はおもしろくないので、サン・ジェルマンの交渉を妨害。わざと失敗させて、その罪により逮捕・監禁しようとした。

だが、これを事前に知った彼はイギリス、ロシア、ドイツを転々とし、「フリーメイソン」のドイツ・ロッジ（支部）を設立した。また、錬金術の研究をして追放処分を受けたが、その後、再びドイツ社交界で人気を得た。さらにカリオストロ伯爵を「フリーメイソン」のメンバーにした。

1784年、鬱病とリューマチで死去したといわれるが、翌年には「フリーメイソン」の会議に突然、姿を現したという。

1788年にはイタリア・ヴェニスで目撃され、1789年にはマリー・アントワネットがサン・ジェルマンからの手紙を受け取ったとされる。1798年にはナポレオンと会見したともいう。

20世紀になっても、「神智学協会」の主催者、ヘレナ・ブラヴァツキー夫人が彼に会って、神秘的な教えを受けたと主張している。

現在ではサン・ジェルマン伯爵は人類を正しい方向に進化させるために暗躍する「超人的存在」、いわゆる「マスター」のひとりだということになっている。

魔術師基礎講座

類感魔術と接触魔術

文化人類学、民俗学の用語でもある「自然魔術」のふたつの典型。「類感魔術」は形の似ているもの同士はなんらかの影響をあたえあっているという前提で考案された魔術で、古代でいえば、動物の皮を被ったり、着たりすることによって、その動物の能力を得ることができるとする発想である。

また、食人により、その相手の知識や力、勇気を自分のものにできると考えるのも「類感魔術」的な思考。これがエスカレートすると、相手の人形を作り、髪の毛を仕込んで、針を刺すと、その人を呪い殺せるということになる。別名「模倣魔術」。

一方、「接触魔術」は誰かが何かに触った場合、その「物」に痕跡が残るので、「物」に影響をあたえると、触った人間にも影響が出るという発想。呪いたい相手の着ていた衣類などを切り刻んでみたりする。また、相手の足跡を踏みにじったりする。この種の魔術は別名「感染魔術」ともいう。

Great Demon King File 35

フリーメイソンをオカルト化した祖

カリオストロ伯爵

count Cagliostro

正体不明、自称伯爵にして、魔術師
ヨーロッパ社交界に潜り込む

18世紀にフランス宮廷に出現した謎の人物、アレッサンドロ・カリオストロ伯爵。現在では1743年にイタリア・シシリー島で生まれた、ジョゼッペ・バルサモという人物が「伯爵」の正体だとされている。

シシリー島の神学校や、修道院で学び、同時に魔術や交霊術、錬金術なども研究したため、「異端」として修道院から追放される。1776年にロンドンに移住し、この頃からカリオストロ伯爵と名乗るようになる。

彼はヨーロッパ中を回って、各地の社交界で魔術や占いをし、名声を高めていった。フランスで皇帝ルイ16世とマリー・アントワネットに認められ、宮廷に出入りするようになる。

1777年にカリオストロはロンドンでサン・ジェルマン伯爵に出会う。サン・ジェルマンは彼を「フリーメイソン」に加入させる。その直後、カリオストロは大英図書館で、「エジプトの儀礼魔術」や、「エジプト魔術の象徴体系」の本を発掘。サン・ジェルマンはカリオストロに「フランスにフリーメイソンのロッジ（支部）を設立」するよう助言した。

カリオストロはこの助言どおりに「エジプト魔術の儀礼」を取り入れたフランス支部を設立。これが「エジプト儀礼派フリーメイソンリー」のはじまりである。それまで石工など職人の親睦・互助団体だった「フリーメイソン」が「魔術結社」になったのはこれ以降のことである（といっ

「サン・ジェルマン伯爵」の命を受け、フリーメイソンを魔術結社に

ても、「フリーメイソン」全体がそうなったわけではない）。

1785年、カリオストロは、ド・ヴァロア伯爵夫人と名乗る女とコンビを組んで、マリー・アントワネットの名を騙って高価なネックレスを騙し取るという詐欺を行ない、ネックレスについていた、いくつもの宝石をバラ売りして多額の金銭を得たのである。これは簡単に発覚して、2人は投獄されてしまう。

9ヵ月で釈放されたカリオストロは、サン・ジェルマンに助けられ、彼のもとで3年間修行し、「テンプル騎士団の秘儀」を伝授されるのである。

またしても、サン・ジェルマンに「この秘術を取り入れて、イタリア・ロッジを作れ」と指示された彼は、ローマでフリーメイソン設立に動き出す。だが、ローマはカトリック教会のお膝元だ。教会から見れば、フリーメイソンは「異端」である。

特にカトリックが問題視していたのは、魔術儀式を行なうフランス・ロッジだった。そして、そこにのこのこ現れて、フランス・ロッジの流れをくむ組織を作ろうとしたのだから、すぐにカリオストロは「国家転覆」「異端礼賛」の罪で逮捕・監禁されてしまう。

異端審問にかけられたカリオストロ伯爵は死刑判決を受ける。これはのちに終身刑に減刑される。その後、1795年に獄中で死亡した（毒殺されたともいう）。

グリモア魔術

「グリモアール」とも呼ばれる黒魔術の書物の総称。「グリモア」は「グラマー」（文法）と同義語。かつてヨーロッパで魔術師や魔女たちが秘密裏に所有していた、俗に「黒い本」と呼ばれるもので、その多くが悪魔の召喚と契約、その使役方法について書かれていた。

中でも有名なのが、魔術王ソロモンが書いたとされる『ソロモンの小さな鍵』（レメゲトン）で、この本には、「72人の大悪魔」を召喚するための、それぞれの悪魔の紋章と呪文が詳細に記載されていた（第1章の「ゲーティア」の部分）。現在の「悪魔事典」に載っている悪魔のほとんどはこの本ではじめて紹介されたものばかりだ。

このほか、『ホノリウスの憲章』『アルベール』『グラン・グリモア』『赤い竜』など、さまざまな「グリモア」が存在したといわれる。これらの本を使用する黒魔術を総称して、「グリモア魔術」と呼んでいる。

Great Demon King File 36

芸術家にもファンが多い魔術師

エリファス・レヴィ

Eliphas Levi

獄中で「心霊主義」に傾倒し、魔術師の必読書を執筆する

1810年、アルフォンス・ルイ・コンスタンとして、フランス・パリの靴の職人の家に生まれる。非常に頭のいい子供で、宗教にも強い興味を示し、将来、聖職者になるべく、神学校で学ぶ。

ところが、この神学校時代に、当時、流行していた「動物磁気」（オーストリアの医師・メスメルの提唱した、今で言う「オーラ」の類）を知り、強い興味を抱いている。25歳の時、聖職者でありながら、女の子を好きになって、そんな汚れた自分に失望して失踪。その放浪の間に社会主義を知る。当時、反社会的であった社会主義・共産主義の本を何冊も書き、逮捕されてもいる。

彼は獄中で「心霊主義」の生みの親といわれる、エマヌエル・スウェーデンボリの本を読み、ますますオカルティズムへの関心が高まっていった。出獄後も社会主義活動をしていたが、交際していた女教師の娘（17歳）を妊娠させて問題になった。

1852年、彼はポーランド人のオカルティスト、ハーネー・ウロンスキーに出会い、「カバラ」を学んだ。その教理をもとにして、魔術師の必読書『高等魔術の教理と祭儀』の「教理篇」を書いている。

このあと、「イギリス薔薇十字団」と接触。交霊の儀式を学んで、魔女とともに「アポロニウスの召喚儀式」を行ない、これに成功する。床に描いた五芒星の魔法円の中に、アポロニウスの霊が出現したのである。

召喚儀式に成功し、「魔法名、エリファス・レヴィ」を名乗る

この成功を受けて、彼は「アルフォンス・ルイ」を「エリファス・レヴィ」とヘブライ語に読み替えた魔法名を名乗るようになった。

ちなみに、アポロニウスは1世紀頃にローマ帝国に実在した魔術師。インドで修行したと自称した。どんな言語も瞬時に理解し、人の心を読む能力を持っていた。予知能力もあり、さらに使い魔を封じ込めた指輪で魔術の力を発揮したとされる。生年などは不明。100歳まで生きたといわれているが、これは伝説だと思われる。

さらに前著の「祭儀篇」も書き上げ、「典礼魔術」の体系、「サンクトゥム・レグノム」を作り上げ、以降の現代魔術に多大な影響をあたえた。

「典礼魔術」とは、特定の儀式を行なうことにより、「天体の光」に影響をあたえ、さまざまな特殊な現象を起こす魔術のことである。タロットの研究もしており、解説書を執筆。独自のタロットもデザインしている。

1861年に「フリーメイソン」のメンバーにもなったが、彼はこの組織と相性が合わず、短期間で脱会している。晩年は数人の弟子に「典礼魔術」を伝授しながら、穏やかに生活していたという。1875年に死去。

レヴィの著作は魔術師だけでなく、ランボーやボードレール、イェイツら、文学者たちにも影響や、インスピレーションをあたえたといわれている。

魔術師基礎講座

カバラ

「カバラ」とは「ユダヤの神秘思想」のことである。もとは1世紀にパレスチナで起きた「メルカバ主義」の流れをくむ。

「メルカバ主義」はメディテーションによって、『旧約聖書』の「エゼキエル書」に記述のある神の戦車・メルカバを幻視し、最終的には神の目撃を目指すものだ。

それがのちに、呼吸法なども取りいれ、「イメージ喚起」と呼ばれる方法により、イマジネーションを強化していく魔術の根底をなす理論のひとつになった。

また、「カバラ」によって、世界の創造の秘密を知ろうとするのも魔術の重要な目的のひとつである。

『旧約聖書』の「トーラ」(「TORA」、「モーセ五書」のこと)を暗号解読することで、隠された意味を解明すると、世界の秘密がわかるというのだ。ちなみにこの「TORA」をアナグラムで並べ替えると「TARO」となり、これが「タロット」(TAROT)の語源だと主張する人が多い。

この暗号解読には、文字を数字に変換したり、並べ替える「ゲマトリア」や、単語の任意の頭文字を拾って並べ替える「ノタリコン」などがある。

心霊結社「神智学協会」の魔女

ヘレナ・ブラヴァツキー

Helena Blavatsky

貴族の子女からサーカス団員への転落
興行の旅の途中で魔術に出会う

1831年、ロシア・エスカリノスロフで、ヘレナ・ペトロヴナ・ブラヴァツキーは生まれた。父親はドイツ系の貴族で、軍人でもあった。母親は小説家である。

しかし、父親は多忙で家によりつかず、母親は幼い頃に死去していたため、ヘレナは祖父母に養育された。祖父は知事職にあり、ロシア内の赴任地を転々とする生活だったが、名門の家庭環境だったので、豊かな生活を送っていた。

1849年、ヘレナは年の離れたブラヴァツキー氏と結婚する。だが、彼女はイギリス人の船長と駆け落ちをしてしまう。その後、船長と別れたブラヴァツキーはサーカスに入って、心霊術を学んだ。

ブラヴァツキーは、1851年、エジプトで魔術師に出会い、ホンモノの魔術の存在を知る。以来、中東、インド、日本などで、東洋の魔術や妖術の秘儀を学んだ。1853年からはニューヨークに滞在。5年後にロシアに帰国する。彼女はロシア各地で霊媒師として活動している。

1871年には、インド・カイロで「心霊協会」という教団を立ち上げようとして失敗。パリに活動拠点を移す。

1873年、彼女はアメリカに渡って、各地で心霊実験を行なった。その結果、ブラヴァツキーの周辺には心霊主義者たちが増えていった。同時に彼女のもとに「ルクソール同胞団」という「薔薇十字団」系等の魔術結社から、メンバーになってくれるよう要請の手紙が郵送されてきた。

西洋、東洋の魔術を融合させ オカルト界を盛り上げた立役者

ブラヴァツキーはこの教団のメンバーとして活動する一方、欧米流の心霊主義と東洋の神秘主義を融合させるという理論を固めていった。この理論をもとに、「カバラ」や「精霊の召喚」なども研究した彼女は1875年、自らの心霊結社「神智学協会」を立ち上げる。さらに『ヴェールを脱いだイシス』という魔術理論書を出版している。

　その後、ますます東洋の神秘思想に傾倒し、「神智学協会」の拠点をインドに移している。この時、ブラヴァツキーは「霊的指導者」いわゆる「秘密の首領」（マスター）との接触に成功し、自分の「霊的使命」に目覚めた彼女はヨーロッパ各国に「神智学協会」の支部を造って回った。

　彼女の本は西欧の知識人たちから絶賛され、教団の活動も順調だった。本部もイギリスに移動させ、信者は増加。1888年にはオカルティストの必読書『シークレット・ドクトリン』（秘密の教義）を出版した。

　だが、そんなブラヴァツキーも自分の身体のことはわからなかったらしい。1891年、彼女は心臓病と腎不全の合併症で死亡している。

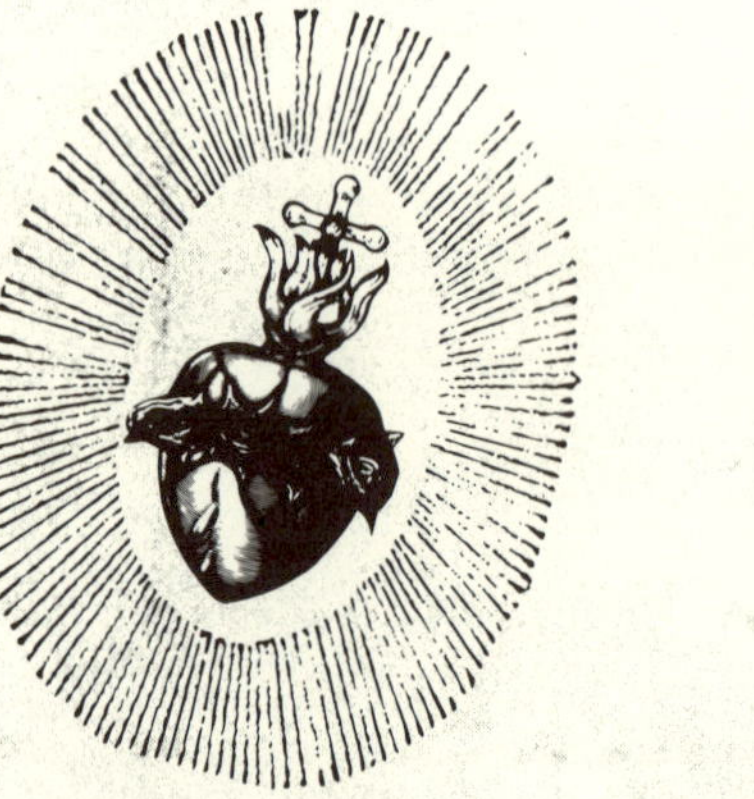

魔術師基礎講座

タロット

22枚の「大アルカナ」、56枚の「小アルカナ」からなる謎のカード。「大アルカナ」には寓意的な図像が描かれ、「小アルカナ」は14枚からなる4つのスート（「剣」「聖杯」「杖」「貨幣」）に分かれた、今で言うトランプ的なものである。

起源は謎とされ、古代エジプトの魔術書だというものから、さまざまな説があったが、現在では単にカード・ゲームとして作られたものだと解明されている。

だが、起源はそうでも、これまでに多くの魔術師が自分の魔術解釈を取り入れて数多くのタロットを創り出したことは確かだ。

それらのデザインには高度な魔術情報が隠され、「カバラ」の思想が秘められているのだ。解読にはオカルトや図像学の知識が必要だ。

本書に登場した、エリファス・レヴィ、マクレガー・メイザース、アレイスター・クロウリーらも、独自のタロットをデザインし、現在、普通に購入できる。

魔術師のデザインしたタロットで最もポピュラーなのは、「ゴールデン・ドーン」のメンバー、アーサー・エドワード・ウェイトのタロットで、これは初心者にもおすすめ。

Great Demon King File 38

魔術組織「アルファ・オメガ」の祖

マクレガー・メイザース

Macgregor Mathers

自称「スコットランドの貴族」、「普段着が民族衣装コスプレ」の変人

1854年、イギリス・ロンドンでサミュエル・リデル・マクレガー・メイザースは生まれた。父親が死去したため、16歳で学校を辞め、不動産屋に就職。23歳の時、「フリーメイソン」のメンバーになる。

1年で「マスターメイソン」の地位に昇格しているが、この頃から誇大妄想が生じ、「スコットランド王家の血を引く、グランストリー伯爵」と名乗るようになる。しかも、スコットランド高地人の民族衣装を着て生活する変人になってしまった。

1882年に「イギリス薔薇十字会」に加入。1888年には、「イギリス薔薇十字会」のメンバーで、「秘密の首領」なる謎の存在と霊的なコンタクトを取ることに成功したと主張する、ウィリアム・ウィン・スコットをはじめ、ロバート・ウッドマンとともに、新たな魔術結社「ゴールデン・ドーン」（黄金の夜明け）の創設メンバーのひとりとなる。ウッドマンは「ゴールデン・ドーン」結成直後に死亡したため、以降、教団はスコット、メイザースの双頭体制で運営されるようになる。

メイザースはただの誇大妄想の変わり者ではなかった。研究者肌の魔術師だった彼は、大英図書館の書庫に通いつめ、過去の魔術書を読破し、研究を重ねるとともに、伝説的な魔術王ソロモンの著書『ソロモンの小さな鍵』の第1章の部分である「ゲーティア」や、イギリスの魔術師ジョン・ディーの『エノク魔術

現代的な魔法理論と魔術儀式を考案
あらゆる魔術結社に影響をあたえる

書』を発見。現代英語訳をして、出版した。

さらに「カバラ」をはじめ、「ヘルメス学」「錬金術」などを組み合わせ、それらをもとに「ゴールデン・ドーン」の現代的な魔法理論と魔術儀式を考案・構成した。彼の作りだしたこれらの理論や儀式は、20世紀のあらゆる魔術結社に影響をあたえている。

1892年、メイザースは「秘密の首領」から直接メッセージを受け取ったと言い出し、教団を私物化。さらに1894年、メイザースは自分に従うメンバーを率いてパリに移住。パリ支部を掌握した。

パリでも彼は図書館で調査を進め、『アブラメリンの神聖魔術書』を発見する。この発見も以降の欧米の魔術理論にとって非常に大きなものであった。これらの成果を取り入れてデザインした「ゴールデン・ドーン・タロット」のデザインも手がけた。

一方、西洋魔術に東洋魔術を融合させようとするアレイスター・クロウリーとも対立(メイザースは東洋が大キライ)、トラブルメーカーであるとして、1903年、正式に「ゴールデン・ドーン」から除名される。

その後、メイザースは自身の組織「A∴O∴」(アルファ・オメガ)を設立して活動を続けた。『ベールを脱いだカバラ』など著書多数。しかし、1918年に彼が死去すると、教団は弱体化し、解散してしまった。

アブラメリン魔術

14世紀のエジプトの魔術師アブラメリンが弟子のアブラハムに教えた魔法技術を書き留めた本が『アブラメリンの神聖魔術書』。

この本で紹介されているのが「アブラメリン魔術」で、これは一定の「魔方陣」にアルファベットを代入して、召喚した悪魔を使役するというもので、この部分のみ、マニュアル化されている。

この段階に達するために、まず、「守護天使」を召喚して、その加護を得なければならないが、相手が天使なので、自分を浄化する必要がある。なので、半年間、他人と接触してはならず、瞑想や断食をする。また、この魔術は26歳以上、55歳以下の者しか行なってはならないなど、禁止事項が満載だ。

しかし、これらを突破し、任意の「魔方陣」を使えば、好みの悪魔を召喚し、自由に操れる。魔術師、アレイスター・クロウリーが「アブラメリン魔術」で悪魔を呼び出すのに成功したのは有名な話。

Great Demon King File 39

「薔薇十字のカバラ会」教祖

スタニスラス・ド・ガイタ

Stanislas de Guaita

豊富な財産で魔術の本を買い漁りいつしかホンモノの魔術師に成長

スタニスラス・ド・ガイタはフランス・ロレーヌで、1861年に生まれている。生家は侯爵の家柄で、しかも、ガラスと鏡の製造工場を経営していた（ガラスと鏡の製造は当時の最新技術）。非常に裕福な上流階級の家庭で、何不自由のない生活を送る。

法律家を目指して学業に励むが、21歳の時、パリに出て、文学と芸術とオカルトにハマる。そして、小説家で魔術師のジョセファン・ペラダンと知り合った。ペラダンはド・ガイタを有名な魔術師エリファス・レヴィに紹介もしてくれた。

彼はありあまる金で魔術の本を買いまくり、読破していくのだった。同時に魔術の実践や呪術の実験も行ない、本物の魔術師になっていく。彼の周囲にはパピユスやオスワルト・ウィルトなどの魔術師たちが集まってきた。

一方、彼は魔術師ジョセフ・アントワン・ブーランの黒魔術結社「カルメル教会」に潜入して、ブーランが行なっていた、乱交とスカトロをともない、人間の赤ん坊を生贄にする黒ミサを目撃。これをマスコミに暴露した上、魔術裁判を開いて、「魔術師の風上にも置けない」として、一方的にブーランに「有罪判決」を下す。

そして、呪術をかけた「有罪判決文」をブーランに送りつけたのだ。呪いに気づいたブーランは「メルキザックの栄光の生贄」という、天使の力を借りた防御儀式を執り行なって対抗したが、さらにド・ガイタは呪いの蝋人形に

黒魔術結社「カルメル教会」の教祖と激しい呪い合戦を繰り広げる

針を刺して、呪術攻撃を繰り返した。ブーランも黒ミサを行なって、ド・ガイタを呪い殺そうとした。

また、ド・ガイタは当時、「カルメル教会」を取材していた小説家、J・K・ユイスマンスにも呪術攻撃を行なった。ユイスマンスの家にはポルターガイストが起こり、彼は透明な悪魔に往復ビンタをされたという。この一連の顛末は、ユイスマンスのオカルト小説『彼方』で読むことができる。

ド・ガイタはしつこく呪術攻撃をブーランに対して続けながら、１８８８年、「薔薇十字のカバラ会」を立ち上げる。同会では、「カバラ」、「フリーメイソン」、「動物磁気」、果ては東洋の魔術や仏教まで広範なオカルティズムが研究対象になっていた。

この雑多な状況についていけず、さらにいつまでもブーランに呪いをかけ続けるド・ガイタにウンザリしたペラダンは同会を脱退してしまう。

そして、１８９３年、ついに魔術戦の決着がつく。ド・ガイタの魔術攻撃により、ブーランが死亡したのである。

ド・ガイタはホンモノの呪術師だと呼ばれるようになったが、以降、次第に隠遁生活に入る。さらにドラッグにのめりこみ、１８９７年、ドラッグのオーヴァードースで死亡した。

だが、彼の「薔薇十字のカバラ会」は魔術界に大きな影響を残した。以降に登場した「薔薇十字」系統の団体はすべて同会の影響下にある。

魔術師基礎講座

白魔術と黒魔術

「白魔術」は天使や、「善の精霊」などの「召喚」により、その力を借り、魔術を発動させる。また、魔術師が社会や公共に奉仕するために行なう善意の魔術は総じて「白魔術」である。おおむね、「自然魔術」は「白魔術的」だとされている。

一方、「黒魔術」は悪魔を呼び出し、「契約」することにより、発動する魔術一般を指す。「黒魔術」の多くは、魔術師が自分の利益や、欲望充足のために行なわれる。

しかし、天使の力を借りていても、その目的が呪いであれば、「黒魔術」だと判断される。悪魔と契約していても、目的が災害を防ぐといったものなら、「白魔術」だとされるだろう。つまり、魔術はその目的によって、「白」にも「黒」にもなるということだ。「白」か「黒」かは、場合によりけりなのだ。

しかし、この2分方法は、どちらかといえば、一般人にわかりやすいというだけの分類だといえるかもしれない。魔術の世界は奥が深いのだ。

Great Demon King File 40

不死身の怪僧

ラスプーチン

Rasputin

SMプレイと乱交行為の「セックス魔術」で、ロシアの社交界を席巻

グリゴーリ・イェフィモヴィチ・ラスプーチンは1872年、シベリアのド田舎の村の農民の息子として生誕した。貧しくて、学校にも行けず、家業を手伝う毎日だった。ラスプーチンには幼い頃から不思議な力があって、聖母マリアの姿を見たり、その言葉を聞いたりできたともいう。

10代で結婚するが、20歳の時、村を出奔。以降、いくつもの修道院で宗教家としての修行をする。魔術や占い、呪術治療も習得したラスプーチンは自らの教団を立ち上げる。彼の教団の魔術儀式は一種の「セックス魔術」で、乱交と、ムチ打ちをはじめとする「SM」によって、穢れた肉体を浄化するというものだった。

1905年、ラスプーチンは現在のサンクト・ペテルベルク（当時のロシア帝国の首都）に進出する。彼の噂は首都にまでおよんでいて、社交界の貴婦人たちはみな、彼の「スピリチュアルな魅力」のトリコとなり、信奉者になってしまった。

この噂が皇帝ニコライ2世にまで届いた。当時、皇帝は皇太子が血友病であることに悩んでいたのだ。当時は治療薬もなく、出血すれば死に直結した。

1907年、皇太子が出血を起こした際に皇帝と皇后はラスプーチンを招聘して、治療にあたらせた。すると、血友病が治ってしまったのだ。

皇帝はラスプーチンの信奉者になり、彼は宮廷に自由に出入りする特権を得た。皇帝はあらゆる案件を彼の占い通

りにするのだった。

一方、ラスプーチンには貴婦人たちが群がり、彼に肉体を差し出していた。性欲絶倫のラスプーチンは毎日、乱交パーティーをしていたのだ。食事の時には手づかみでモノを食う彼の指を女たちが舐めてキレイにしていたという。

このような状態さえ、皇帝も皇后も黙認していた。このままではロシアが「怪僧」に乗っ取られてしまうと危惧したユスポフ公爵をはじめとする貴族たちがラスプーチン暗殺に乗り出した。

青酸カリ入りのワインでも死なず、心臓を撃ち抜かれても生きる怪物

１９１６年12月17日、公爵はラスプーチンを自宅での晩餐に招待。致死量の青酸カリ入りのお菓子を出した。ところが、これを食べても「怪僧」は死なない。次に青酸カリ入りのワインを飲ませても死なない。しかも、ラスプーチンはおかわりする始末。ついに公爵は拳銃を発砲した。弾丸は心臓に命中したが、ラスプーチンが逃げようとするので、さらに4発撃ちこんだ。最後には公爵は銀製の燭台で殴り続けた。頭蓋骨が陥没し、顔面はメチャクチャ、片目が飛び出す惨状となったが、公爵たちは安心せず、凍結した川の氷を割って、その中にラスプーチンを捨てた。2日後に死体が発見されたが、死因は「溺死」。川に投げ込まなければ、まだ生きていたのだ。

ラスプーチンの死体は皇后の命令でていねいに埋葬されたが、「ロシア革命」の志士たちはラスプーチンを掘り起こし、路上で焼却したのだった。

性魔術

俗に「セックス魔術」とも呼ばれる魔術の流儀のひとつ。古来から、淫祀邪教などと呼ばれる異端の宗教や悪魔の崇拝儀式は存在したが、それらの多くは、キリストを汚すなどといった理由で行なわれたもの。

「性魔術」はセックスの際に燃焼される生体エネルギーによって、意識を高次元に上昇させようとするものだ。いったん、丹田（下腹部）のあたりに意識を下降させておいて、いわば、性エネルギーを燃力にした３段ロケットのようにして、意識を上方向に発射すると考えればよい。

東洋ではインドの「タントリズム」（※１）がこの種の考え方の根底にあって、チベット仏教などに影響をあたえ、日本でも「真言立川流」（※２）がセックスを重要な儀式として行なっていた。アレイスター・クロウリーは世界旅行の過程で「タントリズム」を知り、西洋の魔術と合体させ、現代的な「性魔術」を作り上げた。これは彼の弟子ケネス・グラントの「OTO」に引き継がれている。

※１：中世にインドに広まったヒンドゥー教の教え。タントラ、ヤントラともいわれる。
※２：12世紀前半（平安時代末期）に仁寛（のちに「蓮念」と改名）によって開かれた密教の一派。経典は理趣経（りしゅきょう）。仏教では邪神とされる荼枳尼天（だきにてん）を拝す。

教団「シルバー・スター」の魔王

アレイスター・クロウリー

Aleister Crowley

厳格なキリスト教教育に反発し黒魔術に目覚め、魔術結社に入団

「20世紀最大の黒魔術師」と呼ばれ、本人は「サタンよりビッグな魔王」と自称したアレイスター・クロウリーは、1875年にイギリス・ウォーリッシア州で生まれた。本名はエドワード・アレクサンダー・クロウリー。

実家はビール製造工場を経営する裕福な家庭。両親は厳格なキリスト教徒だった。異常に厳しいキリスト教系の寄宿学校に入れられた彼は反発し、その結果、黒魔術に興味を抱くようになる。

大学では優秀な学生で、スポーツも万能、長身の美青年だったが、ますます魔術に接近し、最先端の魔法理論で知られた「ゴールデン・ドーン」に入団する。この頃から「アレイスター」と名乗るようになった。教団内での昇進試験を次々に突破し、「アブラメリン魔術」の儀式を行なうなどの修行に励んだが、教団と決裂。その後、世界一周旅行に出て、日本にも来ている。

この旅行でアジアの魔術を知り、ヨガを学んだ経験を西欧の魔術と合体させ、セックスの際に性的なエネルギーを燃焼させることにより、高次の意識に到達する「セックス魔法」の理論を考案する。

そして、ローズ・ケリーという女性と最初の結婚をし、新婚旅行も世界一周をした。この途中、エジプトで守護天使エイワスを召喚して、新妻の身体に憑依させ、エイワスのメッセージを聞き出して、魔術師の必読書『法の書』を書いた。

1907年には自分の教団「シルバー・スター」（「銀の

ドラッグとセックスで「悟り」を開き「セックス魔法」で悪魔を召喚

星」。略称「A∴A∴」）を設立。また、「OTO」（オルド・テンプル・オリエンタス）という結社を乗っ取り、「M∴M∴M∴」（ミステリア・ミスティカ・マキシマ）に改名して合併。ドラッグを使用したセックス魔法の儀式を執り行なった。

また、弟子のヴィクター・ニューバーグとホモ・セックスの儀式をして、悪魔コロンゾンを召喚するのに成功している。

1920年にはイタリア・シシリー島に「テレマの僧院」という教団を設立。しかし、2度目の妻が儀式の最中に発狂したり、ネコの生き血を飲んだメンバーが死亡するなどトラブルが続いた。結局、当局の手入れを受けて、イタリアから追放される。

彼はパリの「OTO」に逃れるが、ここでも退去処分を食らう。イギリスに戻ったクロウリーは自分の魔法理論をもとに「トートのタロット」を製作したり、魔術理論の本を多数執筆。『魔術　理論と実践』など著書多数。ホラー小説『ムーンチャイルド』なども書いている。

1947年にドラッグのオーヴァードーズで死亡した。

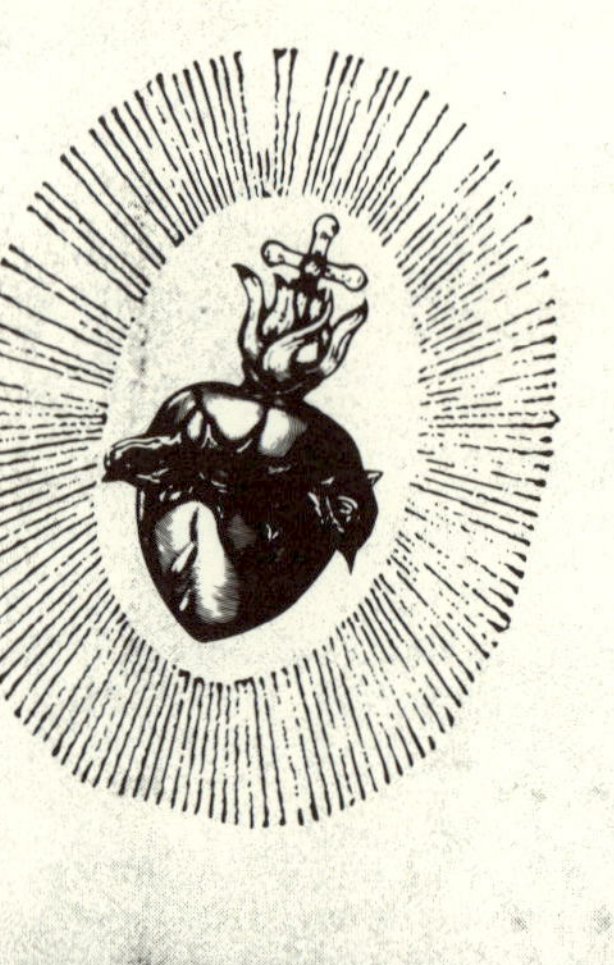

召喚魔術

最近では「召喚」という言い方が一般的になってきたが、もとは「喚起（かんき）魔術」と呼ばれ、現在でも、ちゃんとした魔術師は「喚起」と言っている魔術のひとつ。

古来から伝わる魔術で、天使や悪魔、精霊などを呼び出して、その知識を聞き出したり、うまく契約を結んで、一定の目的のために動かしたりする。超自然現象を利用するため、自然の現象を組み合わせて、一定の現象を生じる「自然魔術」とは対極にある魔術。

アレイスター・クロウリーが「守護天使エイワス」を召喚したり、悪魔コロンゾンを呼び出したのは、この種の魔術である。

この場合、クロウリーが行なった、「守護天使」を呼び出す魔術は、「アブラメリン魔術」の一種で、「天使」を召喚する「エノク魔術」とは別のものである。また、中世ヨーロッパでは悪魔の召喚に特化した黒魔術的な「グリモア魔術」が発達した。

Great Demon King File 42

「イギリス仏教教会」を設立した魔術師

アラン・ベネット

Allan Bennett

少年時代、喘息の治療でヤク中に。社会に出てオカルトに目覚める

1872年イギリス・ロンドン出身。子供の頃に父親が死去したため、家庭は非常に貧しかった。持病の喘息の発作治療のため、子供の頃から、モルヒネ、コカインなどを投与されていた彼はジャンキーになった。

16歳で学校を辞めたベネットは化学薬品研究所に就職。また、電気技師の資格も得た。オカルトに興味を抱き、「神智学協会」を経て、1894年に「ゴールデン・ドーン」に加入する。当時、「ゴールデン・ドーン」内は「主流派」と「メイザース派」に分裂していたが、ベネットは「メイザース派」だった。

ベネットは尖った水晶製のプリズムのついた杖を持っており、これを「ラスター」と呼んでいた。これは「マジック・ウェポン」（魔術武器）で、彼はこの「ラスター」を使うことにより、人間の五感を麻痺させることができた。

ある時、ベネットに、「そんな魔力があるとは信じられない」と発言した魔術師を「ラスター」で触れただけで卒倒させ、その人物は14時間、意識が回復しなかったという（ベネットの「電気技師の資格所得者」という肩書きを考慮すると、この「マジック・ウェポン」は、その効果を見ても、一種のスタンガンのようなモノだった可能性も強いが）。

1899年、「ゴールデン・ドーン」にアレイスター・クロウリーが入団する。クロウリーはベネットに個人的に弟子入りし、共同生活し、魔術儀式を繰り返した。また、

アジアでヨガを学び、その後僧侶に。イギリスに仏教と魔術を広める

ベネットは喘息治療に使用していたドラッグ類をクロウリーに教えて、ジャンキーにした。

　その後、ベネットの喘息は悪化。世界一周旅行などでアジアに詳しいクロウリーは師匠に「アジアで治療すれば治る」と勧めた。ベネットは弟子のいうことを聞き、セイロン（現在のスリランカ）に移住した（この旅行費などはクロウリーが支払った）。

　セイロンでヨガを学び、実践すると、ベネットの喘息は治ってしまった。ドラッグからも足が洗えた。1901年に世界一周でセイロンに来たクロウリーと再会した時には完全な健康体になっていた。

　すっかりアジアが好きになったベネットは1902年にはビルマ（現在のミャンマー連邦）に移住して、僧侶になる。1908年にイギリスに仏教を広め、魔術の普及もするために、「神智学協会」の仏教部門を開設。以来、ビルマとイギリスを行き来しながら活動を続けた。

　1914年からはイギリスに落ち着くが、1923年に死亡する。「神智学協会・仏教部門」はのちに「イギリス仏教教会」になった。

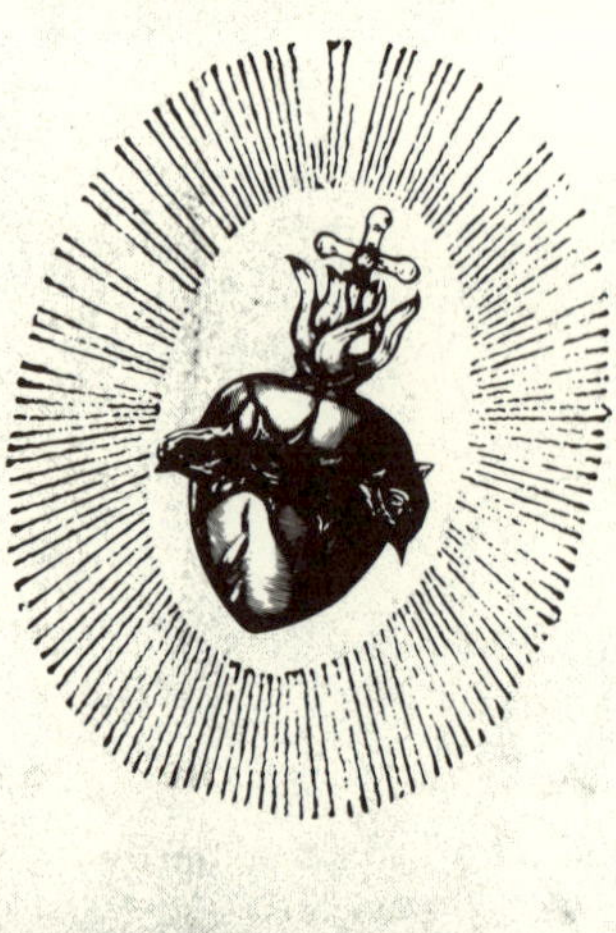

典礼魔術

「儀礼魔術」「祭儀魔術」とも呼ばれる。もともと、一匹狼の魔術師たちが、それぞれの流儀で行なっていた魔術のテクニックを体系化し、一定のレベルでマニュアル化したもの。

魔術師は魔術を発動する際、その魔術の目的に従った魔術用具や、護符などをその時々に応じて自作したりする必要があった。魔術がなぜ発動するのかも理解していないと、魔術の効果が発生しなかったりしたのだ。

そこで、魔術を志す者なら、たいていの人間が魔術を発動させることのできる体系化した魔術のマニュアルが必要とされるようになった。マニュアル通りに儀式をすれば魔術の法則そのものを完全に理解していない初心者の場合でも、失敗することなく魔術が発動するようになるからだ。

そして、アブラメリン、エリファス・レヴィ、ジョン・ディーが魔術をシステム化したことにより、魔術は敷居の低いものになり、魔術を志す人が増加した。

こうしたマニュアル化された魔術は、「ゴールデン・ドーン」で完成され、その後の魔術結社に引き継がれていった。

Great Demon King File 43

天才絵描きにして偉大な魔術使い

オースティン・オスマン・スペア

Austin Osman Spare

「絵画の神童」と呼ばれる少年時代に、近所に住む魔女に弟子入り

オースティン・オスマン・スペアは、1888年の大晦日にイギリス・ロンドンで生まれた。

父親は警官。家は貧しく、13歳で学校を辞め、ステンドグラス職人に弟子入り。夜はアートスクールに通った。

スペアに絵の才能があることがわかったのはこの時である。彼は奨学金を得て、飛び級でケンジントン王立美術大学で学べることになったのだ。

スペアは「神童」とまで呼ばれる存在になる。一方、スペアの家の近所にはパターソン夫人という魔女が住んでいて、彼に魔術を教えた。

スペアは絵の勉強と魔術修行を両立させていたが、ついに「ゴールデン・ドーン」に入会。しかし、彼は「ゴールデン・ドーン」のシステム化された「典礼魔術」や、教義に不審を抱き、脱会。アレイスター・クロウリーの教団「シルバー・スター」に加入する。

彼はクロウリーの強い影響下で「セックス魔法」にのめり込む。20歳の時、「セックス魔法」と芸術理論を合体させた魔法書『快楽の書』を出版するが、この内容が「悪魔的」だとマスコミから批判される。

さらに、すでにヨーロッパで悪名高かったクロウリーの弟子だというのもマイナス・イメージとなって、スペアは芸術界から干されてしまった。彼は美術雑誌の編集者をして食いつなぐハメになってしまった。

スペアの得意技は「物品引

「セックス魔法」、「物品引き寄せ魔術」、「召喚魔術」を実践

き寄せ」（「アポーツ」）と呼ぶ魔術）で、任意の物体を空中から出現させることであった。しかし、そんな彼でも失敗することはある。

　ある時、魔術実験の立会人たちの前で、スペアは「空中にバラの花束を出現させる」と宣言し、魔術を発動させた。

　すると、突然、部屋の天井が爆発し、破片が落下、さらに天井に仕込まれていた水道管も破壊されたため、大量の水があふれて水浸しになってしまったという。魔力が強すぎ、暴走したといわれている（水道管が老朽化していただけかもしれないが……）。

　また、ある時には、「精霊を呼び出して欲しい」という2人のオカルト・マニアの依頼で、「召喚魔術」を行なった。

　部屋には煙と悪臭をともなう「精霊」が出現したが、彼らのひとりは発狂して、精神病院に収容され、もうひとりは数日後に死んだ。

　1927年に編集者を辞めると、彼は数匹のペットのネコたちとともに隠遁生活に入り、1956年、ロンドンの貧民街で死去した。

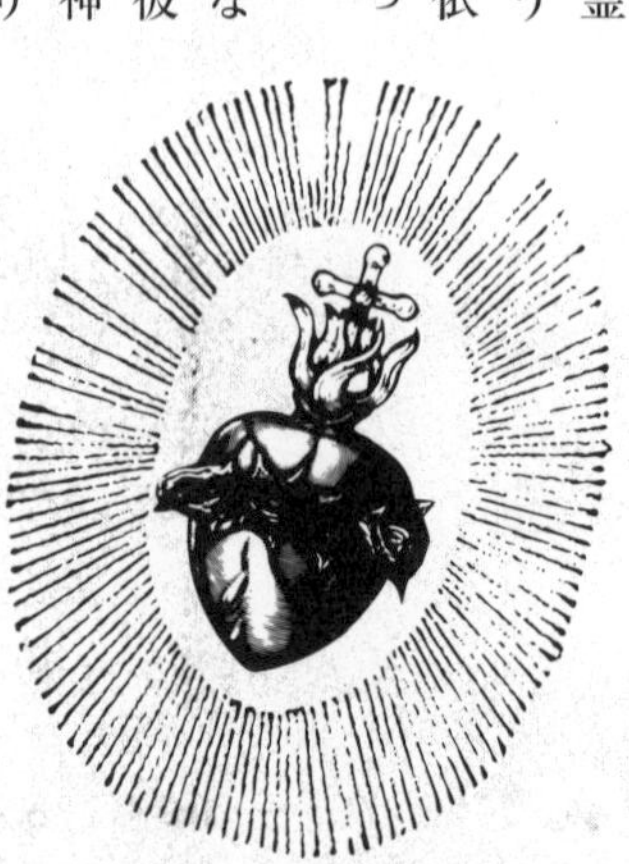

魔術師基礎講座

生命の樹

「カバラ」の思想の基本であるところの「神秘図形」が「生命の樹」である。
「セフィロト」と呼ぶ、10の円が22の径（パス）で繋がっており、「セフィロト」は「聖なる神の名」や「大天使」、または「惑星」に対応し、径によって、エネルギーが循環している。これは「宇宙」をモデル化したものであり、これらの円にさまざまな「属性」を代入することにより、魔術師は魔術を発動する。
「ゴールデン・ドーン」では、この図を「異なる世界の地図」だと解釈した。また、魔術師たちは下の円から上の頂点にある円へとエネルギーが上昇していくことと、自分の魔術師としての成長を重ね合わせて見ることが重要だとされた。

黒魔術では、この図を上下逆にした「生命の樹の影」とも「邪悪の樹」とも呼ばれる「クリフォト」を儀式に使用する。

こちらの10の円には当然、大悪魔が対応しており、悪のエネルギーが循環している。

Great Demon King File 44

アーティストも崇拝した「黒い教皇」

アントン・サンダー・ラ・ヴェイ

Anton Szandor LaVey

殺人事件の被害者を目の当たりにして「神」に失望。悪魔崇拝者に

「悪魔教会」教祖、「黒い教皇」こと、アントン・サンダー・ラ・ヴェイは1930年、アメリカで、ルーマニア系とドイツ系の両親のもとに生まれた。彼はハイスクールを卒業すると、サーカスに加入。猛獣使いや、読唇術などを学んだ。

　サーカスを辞めると、彼は新聞社と契約し、殺人事件現場への突撃取材のカメラマンに転身する。この時、血まみれの死体の転がる現場をさんざん見たラ・ヴェイは「この世に〝神〟はいない」と考えるようになる。そして、彼は「悪魔」を信じるようになったのだ。

　1966年にサンフランシスコで、「悪魔教会」を設立。ラ・ヴェイは積極的にマスコミに売り込みをかけ、「悪魔教会」では「悪魔洗礼式」から、「悪魔結婚式」、はては、「悪魔葬式」まで執り行なうと発表した。「悪魔教会」の教義書、『サタニック・バイブル』（悪魔の聖書）も刊行。ベストセラーになる。

「悪魔教会」は「サタン」を「自由主義」のシンボルと捕らえており、「悪魔教」はニーチェの「超人思想」をベースに、「あらゆることに対して疑念を抱きつつ思考することが重要だ」とする、一種の「アンチ宗教」だった。

　また、「クトゥルー神話」を作り出したことで知られるホラー作家、H・P・ラヴクラフトの友人や弟子の作家たちを教会に招いている。彼は「クトゥルー神話」の愛読者で、「神話」の内容を信じていたからだ。

ロンドンの有名アーティストが押し寄せる「悪魔教会」設立

これらの宣伝効果により、エンターテイナーのサミー・デイヴィス・ジュニアや、女優のジェーン・マンスフィールドなどが「悪魔教会」の信者になった。結果的に「教会」のメンバーは作家、アーティスト率が高くなっていく。

1967年、ラ・ヴェイはジェーンと彼女のマネージャー、サム・ブロディと決裂。ラ・ヴェイは呪いの儀式を執り行い、その直後にジェーンとブロディは突然、交通事故で死亡する。

1970年代末以降、「悪魔教会」は弱体化した。だが、1980年代になると、ブラック・メタル・バンド、マーシフル・フェイトのキング・ダイヤモンドなどの音楽関係者が「悪魔教会」のメンバーになり、教団は息を吹き返し、世界各地に支部が拡大していった。

1990年代にはマリリン・マンソンがメンバーとなり、さらに「悪魔教会」の知名度はアップした。だが、1997年にラ・ヴェイは死亡した。

一周忌にはロンドンの「トーチャー・ガーデン」（拷問庭園）というゴス・クラブで、盛大な追悼式が行なわれ、ゴス・ピープルたちが多数集まったという。

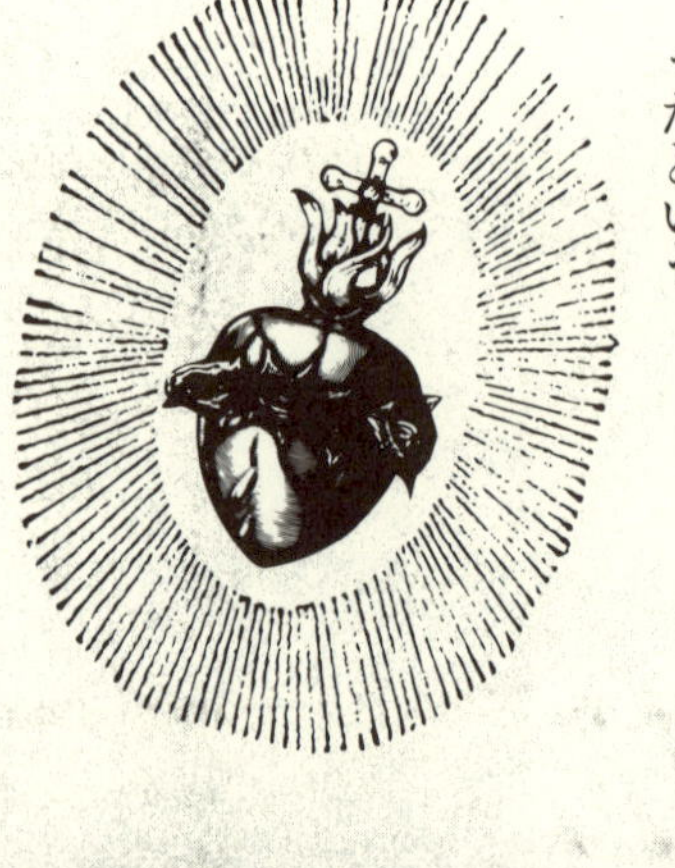

魔術師基礎講座

悪魔教

アントン・サンダー・ラ・ヴェイが提唱した「悪魔教」はこれまでの悪魔崇拝とは異なる画期的な新教義だった。

ラ・ヴェイは「サタン」とは純粋に「象徴的なもの」で、実際に悪魔が存在するワケではないとしたのだ。それはたとえば「悪魔は節制ではなく、耽溺のシンボルである」とか、「満足するために行なわれるあらゆる罪のシンボルである」といった『悪魔の聖書』にある記述に現れている。

一方、ニーチェの「超人思想」（※）を取り入れるなどして、「あらゆることを疑う思考」に信者たちを導こうとした。「悪魔は疑うことのシンボル」でもあるからだ。

これらの教義は多くの小説家やロック・ミュージシャン、芸能人たちに大歓迎された。アメリカでアウトサイダーやマイノリティな人々は「悪魔教」が好きになったのだ。その中にはゴスや性転換者、肉体改造者の若者たちもいた。

※：19世紀のドイツの哲学者、ニーチェの提唱した概念。人間を超克されるべき中間者と考え、その超克の極限に到達することができるとするもの。キリスト教的な唯一絶対の神による、唯一絶対の行動基準に従わず、自らの意思をもとに生きる行為。

悪魔と踊れー・〜新旧ロックスターお騒がせ事件史〜

ロックは呪われている。

そのルーツであるブルースは黒人の音楽だからである。ブルースは「デヴィルズ・ミュージック」（悪魔の音楽）と呼ばれていたことさえある。

天才的といわれたブルース・ギタリストのロバート・ジョンソンは、そのギターの腕前を悪魔にもらったといわれていた。アメリカ南部には古来から、深夜に十字路（クロス・ロード）で動物やニワトリなどの生贄を捧げると悪魔が出現し、願いを叶えてくれるとの言い伝えがあり、ジョンソンもその召喚方法で、悪魔と取り引きしたというのだ。

なので、ブルースにとって「クロス・ロード」は特別だ。ブルース大好きなエリック・クラプトンが『クロス・ロード』というアルバムを作ったのは、その故事に倣ってのことである。バカ・ロック映画にも『クロス・ロード』という作品があり、主人公がクロス・ロードに出現した悪魔とギターの速や弾き対決で戦う（ちなみに悪魔役はスティーヴ・ヴァイ）。

ロバート・ジョンソンの珠玉のナンバーを集めた『King of Delta Blues』（輸入盤／発売日：1997年10月／1936年から1937年にかけてレコーディング）。エリック・クラプトン、キース・リチャーズら多くのミュージシャンに影響を与えた彼だが、その生涯は謎に包まれ、伝説として語り継がれている。女性関係のトラブルで27歳で毒殺されたといわれる。

「白人の皮を被った黒人」と罵られたエルヴィス・プレスリー

そんなブルースの遺伝子を受けついだロックン・ロールは、いわば悪魔の息子だ。しかも、悪いことに、これはもともとダンス・ミュージックだった。キリスト教ではダンスを「悪魔憑き」と同じものだと考えていたのだ。異教徒が激しい音楽を演奏し、信者たちが踊り、トランス状態になったりするのをキリスト教徒は低俗だと思い、一方で非常に恐れた。

キング・オブ・ロックンロールの称号を持つエルヴィス・プレスリー。死後も話題を提供し続け、「プレスリーは生きていた!?」というニュースはタブロイド紙の定番大見出しである。最近では、このネタを使った『エルヴィスVSミイラ男』というホラー映画も公開された。

だから、ロックン・ロールで若い衆が熱狂的になって踊ったりするのをアメリカの自称・良識人の大人たちはイヤがった。黒人経由の音楽で、未来あるアメリカの白人の若者たちが堕落し、退化してしまう。この発想は本書で紹介した「クトゥルー神話」の生みの親、H・P・ラヴクラフトにも共通している。

そして、アメリカの「良識人」たちが恐れていたことが起きる。エルヴィス・プレスリーの出現である。白人なのに、黒人のように歌い、セックスを連想させるように身体をくねらせ、腰を振る。エルヴィスは「白人の皮を被った黒人」と罵られた。最初のロック・ヒーローは、最初の悪魔的ロッカーでもあったのだ。

それだけではない。ようやく世間がエルヴィスに慣れ、アメリカの親たちも「エルヴィスは親想いの、良きキリスト教徒だ」として受け入れられる頃、イギリスから「悪魔の使者」がやってきた。ビートルズである。

まず、彼らの髪型は当時の基準ではロングヘアだった。つまり、性の混乱を招くものとされたのだ。風紀を乱す連中だというワケである。さらにその音楽はエルヴィスよりも騒音だとされた。そして、決定的な「不敬発言」によって、その悪評はさらに高まった。「ビートルズはキリストより有名だ」というセリフである。

これはジョン・レノンがブラック・ジョークで言ったワケだが、アメリカ人にイギリス流のユーモアは伝わらなかった。ビートルズは「邪悪なアンチ・キリスト」だとされ、アメリカの各地でビートルズのレコードが焼かれた。

いまでこそ、「愛と平和」の人、ジョンだが、そんな立ち位置になったのは、じつは死んでからだ。ここで得られる教訓は、「死んだ人はみんないい人」だということか。

また、ロックのレコードに「悪魔のメッセージ」が録音してあり、それが「サブミリナル効果」によって、若者たちを悪の道に引きずり込むという「都市伝説」も、ビートルズが最初だ。実際、ジョン・レノンは「レイン」のラスト付近に「サンシャイン」と繰り返し歌ったものを逆回転させて収録している。

ジョン・レノン（右）とポール・マッカートニー（中央）という２人の天才が、天文学的な確率で同時に在籍していたバンドがビートルズ。ジョンの「不敬発言」に激怒してレコードを焼いたものの、そのあと同じものを買い直したファンもいたため、売り上げが伸びたという説もある。ジョンはこの騒動にもめげず、その後も過激な発言や行動を繰り返して、世間を騒がせた。

もちろん、「太陽光」を逆にしたから、「雨」であり、ジョークなのはあきらかだが、アメリカ人には通じない（しかし、だとすれば、あのアメリカン・ジョークっていうのは、いったいなんなのだろう？　まあ、おおむね笑えないが……）。というワケで、多くの人々がビートルズはもとより、いろいろなバンドのレコードを逆回転させるようになったのだ。

ハリウッドの美人女優を天井から逆さ吊りにして惨殺

逆回転などさせなくても、ビートルズの秘められたメッセージを受け取る者まで現れた。カルト教団「マンソン・ファミリー」の教祖、チャールズ・マンソンである。マンソンは「ヘルター・スケルター」という曲から、勝手に「悪魔のメッセージ」を受信してしまったのだ。1972年、信者たちをハリウッドの高級住宅地に派遣して、住民を殺して回るように指示したのである。

信者たちは教祖の命令を実行に移し、数軒で住人を殺戮した。中には映画監督ロマン・ポランスキー宅もあり、監督は不在だったが、妻で妊娠中の女優、シャロン・テイトと友人たちが殺害された。彼らはシャロンを天上から逆さ吊りにし、切り刻んだ。腹を裂いて、赤ん坊を取り出した。その血を使って、壁に「ピッグ」「ヘルター・スケルター」などと落書きした。

ビートルズに憧れ、音楽家として大成することを夢見ていたチャールズ・マンソン。その名前はアメリカン・ポップ・カルチャーの暗黒面として、世界的に知られるところとなった。仮釈放の申請を行なっているが、その悪魔的な振る舞いから認められる可能性はゼロに近いとされる。多くの音楽家や芸術家が彼のイメージを転用したため、現在でも彼の名前や顔写真を使ったグッズは大人気。

マンソン以下、実行犯たちは逮捕され、マンソンは終身刑になったが、まだ、獄中で生きている。マンソンは獄中で曲を作ってアルバムを出したり（サイケデリック・フォークの『ライ』という代表作がある）、絵を描いて通販で売ったりと活動を続けている。

また、マンソンはビーチボーイズと関係があり、曲を提供している。ガンズ・アンド・ローゼズのアルバム『スパゲッティ・インシデント？』には、マンソンの曲のカヴァーが収録されていて（シークレット・トラック）、彼に多額の印税が入るというので問題になったこともある。

一方、妻をマンソン一家に殺されたロマン・ポランスキー監督は、のちに未成年の女の子とセックスした罪で指名手配され、ヨーロッパに逃亡。アメリカには出入り禁止になってしまった。

チャールズ・マンソンは「ザ・プロセス　チャーチ・オブ・ザ・ファイナル・ジャッジメント」（最後の審判教会）という悪魔主義団体と関係があったといわれている。

「ザ・プロセス」はロバート・デグリムストンという建築家がイギリスで立ち上げた教団で、1966年にメキシコに移動。デグリムストンは自分がイエス・キリストだと自称し、世界は「エホバ」と「ルシファー」と「サタン」の3つの要素からできていると説いた。

その美貌と悲惨な死にざまで現在でもファンが多いシャロン・テイトと、俳優と見間違うほどイケメンのロマン・ポランスキー監督。ヨーロッパに逃亡後、著しく人間としての評価が下がったポランスキー監督だが、2002年に『戦場のピアニスト』で、起死回生のアカデミー監督賞を受賞。ただし、例の件でアメリカに入国できないので授賞式には出席しなかった。

その後デグリムストンは、1967年にアメリカに進出。「悪魔教会」と協力関係を望んだが、アントン・ラ・ヴェイはデグリムストンを「精神病者」として相手にしなかったという。それでも「ザ・プロセス」は信者を増やしていった。

マンソンと関係が生じたのは、1972年。マンソンが逮捕され、刑務所入りしたときに、「ザ・プロセス」は機関紙の記事のためにマンソンにインタビューしている。しかし、これが逆効果となり、「ザ・プロセス」は衰退してしまった。

「下には下がある」と驚かれたローリング・ストーンズの蛮行

ビートルズの問題が一段落したと思ったら、今度はローリング・ストーンズだ。アメリカ人たちは「人間、下には下があるものだ」と驚いた。もっとスゴイ不良が現れたと思ったからだ。

しかも、アルバム名は『サタニック・マジェスティーズ・リクエスト』、曲名は「シンパシー・フォー・ザ・デヴィル」ときている。さらに、ブライアン・ジョーンズは謎の死を遂げるは、サンフランシスコ・オルタモントのライヴ（1969年）では、ヘルズ・エンジェルズによって、黒人が殺害されるはという不祥事が起きた。

1969年のオルタモントの悲劇で、その悪名をさらに高めたローリング・ストーンズ。混沌としたフリーコンサートの模様は、ドキュメンタリー映画『ギミー・シェルター』（監督：デイヴィット・メイスルズ＋アルバート・メイスルズ＋シャーロット・ツワーリン／製作国：アメリカ／配給：FOX／製作年：1971年）で見ることができる。黒人青年が刺殺されるシーンも収録されており、人の死までも商売にところは、さすが悪魔を憐れむストーンズ。

さらに、ストーンズは、アンダーグラウンド映画の監督であるケネス・アンガーと接近。彼の黒魔術映画『ルシファー・ライジング』などの音楽をミック・ジャガーが担当した。アンガーは「20世紀最大の魔術師」として知られるアレイスター・クロウリーの弟子であり、その魔術知識はホンモノであった。ストーンズはこの頃、黒魔術にハマっていたという。

また、アンガーの弟子のボビー・ボーソレイユは、のちにチャールズ・マンソンの「ファミリー」のメンバーになっている。この時にボーソレイユは、『ルシファー・ライジング』のフッテージ（編集する前の映像）を盗んだ。

激怒したアンガーは弟子に呪いをかけた。それは魔術の込められたメダルに弟子の名とヒキガエルの姿を刻むという儀式だったが、その直後、ボーソレイユは麻薬の売人を刺殺する事件を起こし、逮捕された。アンガーは自分の呪いの効果があったとして満足したという。

本気で黒魔術にハマったバンド、イメージだけを拝借したバンド

1970年代に入ると、さまざまなバンドが黒魔術のイメージを取り入れたが、どれもイメージを借りたという程度のモノである。ブラック・ウィドウはライヴの最中に黒魔術の儀式を行なった最初のバンドだが、大きな成功を得ることはできなかった。

この路線ではブラック・サバスがもっとも大きな成功を収めているが、彼らの黒魔術的イメージは『ブラック・サバス』というホラー映画から取られたものだ。とはいっても、ベーシストのギーザー・バトラーは黒魔術に精通しており、魔術書

も多数所有していたらしい。

アルバム・タイトル曲の「ブラック・サバス」の作詞の参考にと、オジー・オズボーンがギーザーから黒魔術の本を借りたが、その夜、本を読んでいると、室内の気温が急激に下がって、透明な何かが部屋を徘徊するので、オジーは震え上がったという。

レッド・ツェッペリンには通常、黒魔術のイメージは付いて回らないが、ギタリストのジミー・ペイジが黒魔術をやっていた。彼はスコットランドのネス湖の畔にある、アレイスター・クロウリーの城を買って、住んでいた。

もちろん、ここで黒魔術の儀式を繰り返した。この城はクロウリーが悪魔コロンゾンの召喚に成功した場所であり、大悪魔ブエルの頭と足の一部を召喚したことでも知られる。ジミー・ペイジはその魔術パワーの残存に力を借りて、悪魔を召喚しようとしたのだ。

彼もケネス・アンガーと交流があったことは知られているし、ツェッペリンの4枚目のアルバムのゲイトフォールド・ジャケットの内側には、タロット・カードの「隠者」の札がデザインされている。

また、この湖に出没するネッシーは、クロウリーが召喚した地獄の生き物だと主張している人がいることをつけくわえておこう。

ジミー・ペイジ（中央前）が黒魔術に傾倒したために、ジョン・ボーナム（中央後）の死を招きレッド・ツェッペリンは解散を余儀なくされたとされる。代表曲「天国への階段」の歌詞の一部が、レコードを逆回転させると悪魔崇拝のメッセージになると言われるが、フツウに歌詞は錬金術のコトを歌っている。

１９７０年代に悪魔的だとされたアリス・クーパーやキッスは、どちらも悪魔や魔術と無関係だ。彼らのイメージの源泉はホラー映画やコミックブックにあり、エンターテインメントと割り切った、ディズニーランドのアトラクションと同じようなものだが、アメリカ人にはこういうジョークが通じない。

1974年の結成以来、たび重なるメンバーチェンジや素顔時代を経て、今もなお一線で活躍を続けるキッス。アルバムの邦題に、原題とまったく関係ないのに「地獄の～」と付けられていることは有名。彼らのアルバムで最も売れなかったのは『魔界大決戦』で、善の天使からパワーを得た少年が、悪魔と戦うストーリー。逆だったら売れたのかも。

キリスト教のファンダメンタリストたちは、キッスとは「ナイト・イン・サタンズ・サービス」（サタンに仕える騎士）の略だといって攻撃している。また、アリスの場合は、彼の自宅の前に、ゴスの少女たちが殺したネコを彼への生贄のために置いていくので、彼はそういう女の子たちを見つけると、自分がブラック・メタルと関係がないことを諭しているという。

ちなみにキッスのジーン・シモンズとポール・スタンレイは、熱心なユダヤ教徒で、ベジタリアンでもあり、酒もタバコもドラッグもやらない。アリスはキリスト教の牧師の家に育ち、ハイスクール時代は陸上選手だ。彼はかつては大酒を飲んでいたが、今はクリーンだ。そのイメージとは程遠く、趣味はゴルフである。

１９８０年代のＬＡメタルのバンドたち、モトリー・クルーやトゥイステッド・シスターなども悪魔との関係を攻撃されていたが、どこが悪魔なのか、今でも謎のままだ。一方、この頃にはオジー・オズボーンや、ジューダス・プリースト、AC／DCの曲を聴いて自殺したり、殺人事件を起こしたとされる少年犯罪がメディアの注目を集めている。

イギリスではアレイスター・クロウリーの信者で、インダストリアル・ノイズのユニット、スロッビング・グリッスルや、サイキックTVで活動していたジェネシス・P・オリッジが、「テンプル・オブ・サイキック・ユース」（超能力青年寺院）というセックス魔術の教団を立ち上げて、教祖になった。彼はチャールズ・マンソンのファンでもある。イギリス当局から「危険思想家」としてマークされており、強制捜査を受けたりしている。理由はさだかではないが、1990年に教祖を引退した。

ライブで『聖書』を破る演出に良識派のアメリカ人から非難囂々

1990年代になると、ナイン・インチ・ネイルズや、マリリン・マンソン、ロブ・ゾンビといった、新たな世代のエンターテイナーたちが現れて、アメリカを震撼させた。

ナイン・インチ・ネイルズは、前述の殺人教祖、チャールズ・マンソンの信者たちが事件を起こしたポランスキー邸を買い取り、そこをスタジオに改造して大ヒット・アルバム『ダウンワード・スパイラル』を制作した。録音の最中にいくつもの怪奇現象が起きたという。

マリリン・マンソンは「悪魔教会」に入信していた主要メンバーだったし、アルバムのタイトルは『アンチクライスト・スーパースター』な上、ライヴで『聖書』のページを破る演出は良識的なアメリカ人たちから激しく攻撃された。

　アルバム『メカニカル・アニマルズ』の「機械化動物」というコンセプトは、アントン・ラ・ヴェイの「技術革新が進めば、機械化人間が登場するだろう。機械が価値を持ち、人間は使い捨てになる。その時、悪魔の社会が実現するんだ」という発言からヒントを得ているし、「使い捨てにされる人間」というテーマは、「ディスポーザブル・ティーンズ」（使い捨てにされる10代）という曲に結実している。

マリリン・モンローとチャールズ・マンソンに由来するマリリン・マンソンは、バンド名も同じマリリン・マンソン。たびたび不道徳ぶりを批判されたりするが、彼の主張は筋が通っており、かなりの知性派。でも、「悪魔教会」の会員証は「なくしちゃった」らしい。

　また、「ミザリー・マシーン」の歌詞には、アレイスター・クロウリーの教団「テレマの僧院」の名が引用されている。アルバム『ホーリーウッド』からカットされたシングルには、タロット・カードが付録でついていた。

　彼のライヴ会場では、ファンダメンタリストはもちろん、さまざまなキリスト宗派がライヴ開催に反対運動を繰り広げた。州によっては、彼は出入り禁止になっている。その後、コロンバイン高校の銃乱射事件のきっかけを作ったとして、スケープゴートにされてもいる。

　ライヴで国旗に火をつけ、燃やす演出も問題になったし、彼のツアーグッズのTシャツを着ていたというだけで、少年が逮捕されるという事件も起きた。

　ロブ・ゾンビは悪魔とは無関係だが、チャールズ・マンソンの大ファンだと公言している。ケネス・アンガーのファンだとも言っている彼は、近年の殺人鬼映画として出色の出来である『マーダー・ライド・ショー』『同2』の監督でもある。次作はスラッシャー映画の元祖にして金字塔『ハロウィン』のリメイクだ。

現実の世界でもっとも強い「呪い」とは？「ホンモノの悪魔」とは？

1990年代は、マリリン・マンソンも入信していた「悪魔教会」が大復活を遂げた時期でもある。インダストリアル・ミュージックのアーティスト、ボイド・ライスや、ブラック・メタル・バンド、マーシフル・フェイトのヴォーカル、キング・ダイヤモンド、元ソフト・セルのマーク・アーモンドなどがメンバーになっている（マリマンはソフト・セルの曲をカヴァーしている）。

ボイド・ライスはのちに自らの教団「オカルト・ファシスト・シンクタンクのアブラクサス財団」を結成している。彼はマリリン・マンソンとも仲がいい。

キング・ダイヤモンドはブラック・メタラーらしく、本気の信者だという。ちなみに彼はキッスみたいなメイクをしているのだが、かつてジーン・シモンズに「メイクのデザインが自分のものと酷似している」と訴訟を起こされ、メイクを変更したことがある。悪魔は訴訟から彼を助けてくれなかったようだ。

というか、現実の世界でもっとも強い「呪い」とは、「訴訟」なのではあるまいか。だとすれば、ジーン・シモンズがキッスで演じている「デーモン」こそ、ホンモノの悪魔だということになる。ファンダメンタリストたちは正しかったのかもしれない。

自称「不死身男」、刺されて死亡！

ホントにあったアホアホ魔術談！
「B級」ならぬ「Z級」ニュース!!

悪魔と美味い話に真実ナシ!?

妻と仕事を手に入るため、自らの舌を神に捧げた男

インド人のビカシ・ダスさん（25歳）は現在、入院中。事情により筆談で取材に応じた。「就職は決まらないし、彼女もいないし、むしょうにアセっていたんです…」。ある日、ビカシさんは街角でビラを受け取る。ビラには「良き妻と仕事を得るために、汝の舌を切り落とし、神に捧げよ」と書かれていた。その言葉になぜか強く惹きつけられたビカシさんは、すぐに迷いなく舌を切り落としてしまったという。警察によると、同様の事件が11件も起きており、しかもこのビラを配った人物は見当もつかないとのこと。ビカシさんにはいまだに仕事も良き妻も現れていない。もしかすると巧みな詐欺技術で人間を無謀な行動に走らせる悪魔「ベリアル」辺りが仕掛けた「悪魔の罠」だったのかも!?

お節介な幽霊!?

上下に重ねて陳列してある靴屋の靴を、揃えまくる幽霊

とあるイギリスの靴屋が「靴の陳列の仕方に異様にこだわりを持つ幽霊」に悩んでいるという。店員のヘレンさんは語る「うちの店では、靴を、こう、上下にクロスさせて飾っているの。だけど、何度直してもいつの間にか両方真っ直ぐにきちんと揃えられちゃってるのよ」。はじめは、誰かがイタズラをしているのだろうと思っていたヘレンさんだが、ある日、決定的な瞬間を目撃してしまった。「突然、棚が震え始めて、靴がね…靴が、ひとりでに飛び上がって真っ直ぐに揃ったのよ！いいえ、本当よ！あれはきっと自殺した前のオーナーの霊なのよ！」。それを聞いた現在の店のオーナーは、悪霊退治にエクソシストを呼んだ。しかし、今のところ効果はなく、今日も靴はキッチリ揃えられ続けているという。

悪魔に勝ったその代価は??

瞑想中に勃起したペニスを、戒めに自ら切除した僧侶

ロイター通信は、タイ・バンコクの僧侶（35歳）が、自らの邪念を取り払うのと同時に、自身の大事なものも取り払ったと報じた。その日、僧侶は瞑想の修行中にもかかわらず勃起をしてしまった。気持ちを静めようと努力すればするほど勃起は治まらない。真面目な僧侶は己の未熟さを恥じ、あろうことか「悪魔はコヤツなり‼」と自身のペニスを刃物で切り落としてしまったのだ。驚いた他の僧侶たちが、血まみれの僧侶を病院に担ぎ込み、縫合手術をするように説得した。しかし僧侶はガンとして受け付けない。けっきょく離れたペニスは僧侶の元に戻ることはなかった。人を性欲の虜にして破滅させる悪魔は数多くいる。大変な犠牲を伴ったが、この僧侶は悪魔に打ち勝ったようである。

牛の白魔術師!?

舐めただけで人の病気を治す「神秘の牛」に黒山の人だかり

カンボジア北部の農家に飼われている牛に舐められるために、人々が連日、大行列を作っている。牛の飼い主によると「慢性病持ちの嫁が、Preahちゃん（生後13ヶ月の牛）に偶然ペロリと舐められたことがあっただよ。そんだら不思議なことに病気がピタリと治っただよー」。その噂を聞きつけ、各地から病気に悩む人々が集まるようになった。その後もPreahちゃんに舐められてから、お爺さんの足が治ったとか、お婆さんの視力が回復したとか、評判は評判を呼び、とうとう飼い主は、“牛に舐められる料金（４舐め分）１人500リエル（約14円）”を徴収することにしたという。「Preahちゃんは１日で400人、今までに数千人を舐めて疲れてんだ。金取って当然だんべ」。

悪魔の囁き??

「天の声」の命令にしたがい、自ら頭に釘を打った男

ロシア地元紙によると、とある村に住むユーリ・デドフさん（37歳）が、ハンマーで自分の頭に釘を打つという事件が発生したという。ユーリさんの母親が、熱っぽい様子のユーリさんを診てみると頭に釘が刺さっているのを発見、慌てて病院に搬送したとのこと。釘の除去手術は成功し、ユーリさんは一命を取り留めた。担当医師の話では、釘は後頭部から突き刺さり、眼球のわずか手前で止まっていた。角度があと15度違っていたら即死していただろうという。ユーリさんが使用した釘は長さ12.2cm。釘が完全に頭に埋もれるまでハンマーで執拗に打ち込んであった。ユーリさんは「頭に直接、誰かが語りかけてきたんだ“ハンマーを手に取れ！さあ、やるんだ！”ってね」と話している。

「変身魔術」失敗!?

木に扮して銀行強盗を試みた男、逮捕される

アメリカ、ニューハンプシャー州で、「木」に変身して周りの目を誤魔化し、銀行強盗を行なった男が逮捕された。地元ユニオンリーダー紙によると、容疑者のジェイムズ・コールドウェル（49歳）は、身体に木の枝や葉をガムテープで付け、「木」に変身。シチズン銀行を訪れた。凶器は持たず、ただ「金を出せ」を繰り返し、銀行員が1000ドル（約10万円）の入ったカバンを渡すと、飛ぶように逃げ去ったという。しかし翌日には逮捕された。じつは銀行の防犯カメラに、黒っぽい髪で、痩せ型のメガネをかけたヒゲづらの白人、紺のTシャツにジーンズ姿のジェイムズの姿がはっきりと映っていたのだ。ジェイムズは「変身用の木の枝の量が少なかったらしい」と反省しているという。

「魔力」の効力切れる!?

「おれは不死身だ」と恋人に試し切りさせた男、死亡

その日、ガーナ共和国ヅェクポイア村で暮らすファグベ・コヅィさん（18歳）は、婚約者と薪刈りに出かけていた。道中、ファグベさんは真剣な眼差しで自分の秘密を告白した。「じつは僕の体は特別な魔力で守られている。刃物でいくら斬られても平気なんだ。なんならその薪刈り用のナタで斬ってみてよ」。もちろん婚約者は断った。するとファグベさんは奇妙な呪文を唱え出し、左腕を突き出し、「さあ、斬りつけて！」と叫んだ。そのあまりの淀みない呪文の詠唱、自信に満ちた態度に押され、彼女はついに彼めがけてナタを振り下ろした。しかしナタは魔力で弾かれることもなく腕に命中。ファグベさんは病院へ向かう途中に失血性ショックで死亡。婚約者は警察に連行されてしまったという。

「死んだ蛙」で彼女をGET!?

幻の「魔法の書」、オークションに出品される

オークションの老舗「サザビーズ」に、16世紀に書かれたとされる、「魔法の書」が出品され話題を呼んでいる。この本は、画家の故ロバート・レンキウィッツ氏のコレクションで、魔術や呪い、民間療法などをまとめたモノ。なかには「女性の心を射止める方法」の手順として“一.蛙をビンに入れ、アリ塚に埋め、9日間放置。二.蛙の死体から骨2本を取り、小川に浮かべる。　三.2本の骨のうち、流れに逆らって浮いた方の骨を、手作りの指輪に入れる。　四.この指輪を右手にはめた女性は、あなたに夢中になる”などという呪いもあった。他には「宝の探し方」「泥棒の罰し方」なども紹介。こちらの本、競売での最高落札価格は1万2,000ポンド（約264万円）になると期待されている。

第3章
悪魔File
Part2

Great Demon King File 45

「虚栄」と「暴力」の堕天使

アザゼル

Azazel

「アジエル」(Asiel)、「アザエル」(Azael)、「アゼル」(Azel)とも呼ばれる。地獄の軍団の第1旗手。通常はヤギの角を持つ悪魔の姿で、地獄軍の旗を持っている。「虚栄」と「暴力」を司る。

だが、実は7つのヘビの頭に、それぞれ2つの人間の顔がついていて、12枚の翼を持つドラゴンの姿が正体ともいわれる。この姿は『聖書』に記述がある。

ユダヤ教以前のイスラエルで、すでにこの名前で知られていたほど起源は古い。彼も異教の太陽神、または砂漠の神が前身ではないかともいわれ、カナンで信仰された「アジス」から「アザゼル」に変化したものと思われる。

唯一、固有名を持つ彼は、神の敵である悪魔の王だとされていたことさえあった。「サタン」という呼び名が登場する以前には、「アザゼル」といえば悪魔を指す言葉だった。

人間の女に恋をして、天使としての使命、「人間の監視」を放棄

キリスト教的には、元「智天使」で、神が人間を創ろうとした時に強硬に反対したことで有名。一方、エデンの園に「知恵の実」のなる木を植えたともされる。この木を利用して、ルシファーはアダムとイヴを誘惑し、「知恵の実」を食べさせたという流れだ。

のちに何をやらかすか信用できない「人間」の監査役として、自ら志願して、部下の200人の天使の軍団とともに、地上に派遣されるが、人間の女の子に一目ぼれして使命を忘れ（人間を作るのに反対したクセに）、監視を止めて、すべての罪を放任した。

地上に悪をのさばらせた罪で、神の怒りに触れ、悪魔となる

しかも、アザゼルは男には闘争心と武器をあたえ、女には虚栄心と宝飾、メイクやオシャレの方法を教えた。その結果、地上には戦争や、売春をはじめとする、あらゆる悪が蔓延したのであった。

そればかりか、一目ぼれした人間の女の子との間に子供まで作り、しかも、その子供たちは共食いをする巨人族に育ってしまった。アザゼルが前例を作ったために、彼のマネをして人間の女と交わり子供を作る天使が続出した。

彼らのような天使を総称して「グリゴリ」という。そして、地上に人食いの巨人が蔓延したのだ。

これを見て、怒り狂った神はアザゼルを地獄に落とし、悪魔にした上、地獄のド田舎に広がる荒野に永久に追放した（荒野にある洞窟の中に逆さ吊りにされ、監禁されているともいう）。このあと、神は地上に洪水を起こして、ノア一家と方舟に乗ったつがいの動物たち以外の生き物をすべて滅ぼす。

のちにユダヤ人たちは年に1回、神とアザゼルに1頭ずつのヤギを殺して捧げるようになった。

神には感謝をこめて。一方、アザゼルには1年間にユダヤの民が犯した罪を肩代わりさせるために。これは「レビ記」に記述のある話である。

これが「スケープゴート」の起源で、このエピソード以降、悪魔の姿は、現在よく知られている山羊の角を持つ姿で描かれるようになった。

Novel

『現代魔術体系』（出版元：国書刊行会／発行：1996年）

カバラの実践を解説した西洋魔術マニュアル

同社の『世界魔術体系』で紹介された魔術以降の魔術について、全7巻で集成したもの。ロバート・ウォンの『カバラとタロー』、ウィリアム・グレイの『カバラ魔術の実践』、ジェラード・フレイザーの『高等エノク魔術実践講座』など、「ゴールデン・ドーン」系のカバラ研究がメイン。

Movie

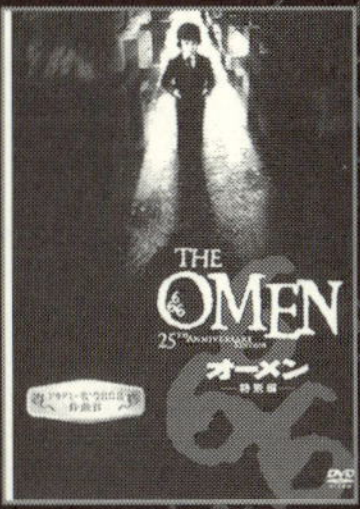

『オーメン』（監督：リチャード・ドナー／製作国：アメリカ／配給：20世紀フォックス／製作年：1976年）

全国各地にいたダミアンとあだ名される子

地上に破滅をもたらす悪魔の息子、ダミアンによって、彼の正体を探ろうとした人間たちが、次々と殺害されていくオカルト映画。この作品で悪魔を示す数字「６６６」を知った人は多い。板ガラスで頭部が切断されたり、串刺しになったりと、殺害方法が派手なのが特徴。パート４まで製作された。

Great Demon King File 46

「嫉妬」の海洋魔獣

リヴァイアサン

Leviathan

腹の中に人が住むほど巨大で どんな武器でも死なない海の悪魔

「レヴィヤタン」(Leviathan)とも呼ばれる海の悪魔。もとは神が天地創造の5日目に作り出した海中に住む巨大なモンスターで、この時にはリヴァイアサンは悪魔ではない。このことは『旧約聖書』では「ヨブ記」や「詩篇」、「イザヤ書」、「ヨナ書」などに記述されている。

神はオスとメスのつがいのリヴァイアサンを作ったが、彼らの種族が増えると、海が過密状態になると考え、メスは殺害され、オスだけが残された。

また、別の説によれば、リヴァイアサンはメスで、同時に神によって作られたオスは陸の巨獣、ベヘモス（ベヘモット）であるともいう（彼も、のちにゾウの頭に肥満体の身体を持つ悪魔の一員になっている）。

クジラなど足元にもおよばない巨体を持ち、全身を鱗に覆われた、クジラとウミヘビとワニを混ぜ合わせたような怪物で、目は赤く、鋭いキバのある口から炎と稲妻と高熱の蒸気を吐く。心臓は石のように硬く、強い。腹は剛毛に覆われているとか。

その体内には彼が呑みこんだ船などが浮いており、ひとつの海域がそっくりカラダの中にあるような状態である。

「ヨナ書」では預言者であるヨナがリヴァイアサンに呑みこまれたが、中には人間が生存できる環境があったため、3日間、腹の中で生活していた。神はリヴァイアサンにヨナを吐き出すよう命じ、ヨナは生還できたという。

また、リヴァイアサンは人

間の持つあらゆる武器では傷つけることができず、限りなく不死に近い。彼を殺すことができるのは神だけである。

このような怪物を、なぜ、神は作りだしたのか？

それは、「黙示録」に予言されている神の軍団と悪魔の軍団の最終戦争に勝利した暁に、聖人たちや、神の崇拝者たちの大宴会に出す料理の食材にするためだ。大量の肉料理を作るのにデカい生物が必要だというのである。そのおりには神が自らリヴァイアサンの頭を砕いて殺すことになっている（もちろん、ベヘモスも）。

実はリヴァイアサンは神が用意した宴会用食材だった

そんな海のモンスターだったリヴァイアサンだが、中世あたりから、強大な悪魔のひとりとして、地獄の軍団のメンバーになっていく。以来、彼は「7つの大罪」の「嫉妬」を象徴する、7大悪魔のひとりとして知られるようになった。

リヴァイアサンに憑かれると、とてつもなく他人の成功を妬み、嫉むようになる。しかも、リヴァイアサンにはエクソシストの悪魔祓いが効かないので、人間界には嫉妬が蔓延していくのである。

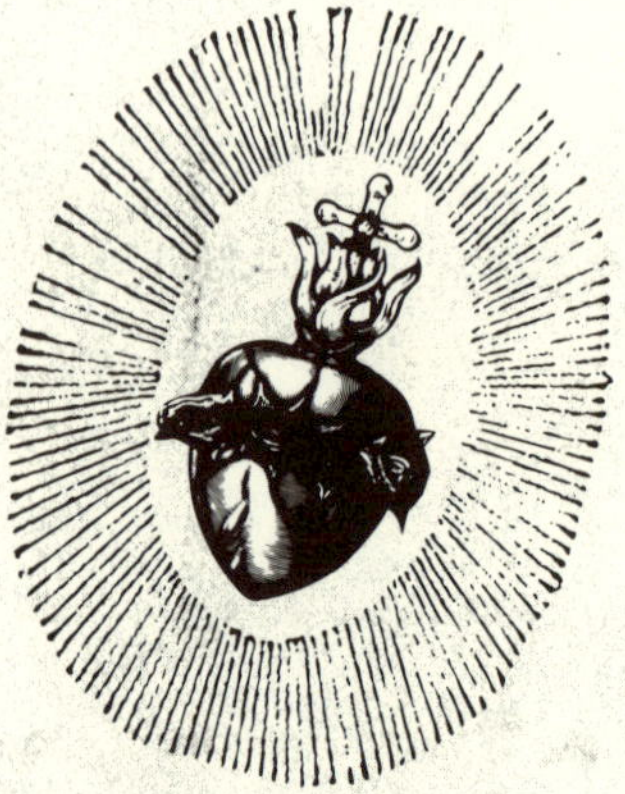

Novel

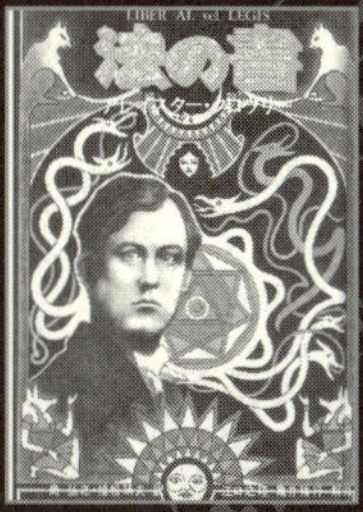

『法の書』(著者：アレイスター・クロウリー／出版元：国書刊行会／発行：1984年)

いかなる災害等が生じても責を負いかねます

クロウリーが妻に「守護天使エイワス」を憑依させて、その言葉を聞き書きしたもので、強力な魔力が秘められているという。そのため、邦訳版は本文が「封印」されている。魔術儀式などに使用するのに最適。『クロウリー著作集』全5巻＋別巻3（国書刊行会）を読めば、彼の魔術理論を完璧に学べる。

Novel

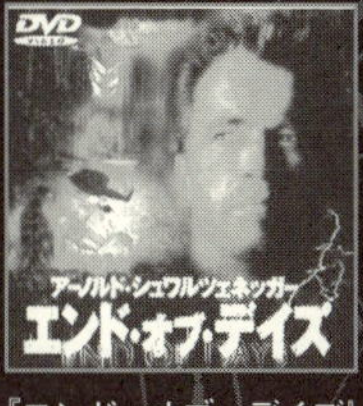

『エンド・オブ・デイズ』(監督：ピーター・ハイアムズ／製作国：アメリカ／配給：東宝東和／製作年：1999年)

世紀末ブームに便乗した底抜けスペクタクル

アーノルド・シュワルツネッガー演じる探偵が、地上に自分の息子を誕生させようとするサタンを阻止するべく戦う。サタンは人間の女の子と交わり妊娠させることしか考えておらず、立ちションをして、オシッコに火を点けて車を破壊したりする（悪魔のオシッコはガソリン）。150億円が投じられた超大作。

Great DemonKing File 47

三つ叉ドラゴン魔神

ブネ Bune

大公爵。「ブーネ」（Bune）とも呼ばれる。ソロモン72柱の魔神の1柱。30の軍団長。

首が3つあるドラゴンで、中央の頭だけが人間。周囲に「ブニ」と呼ばれる配下の小悪魔たちを多数従えている。人語を話さず、手話でコミュニケーションを行なう。自分の崇拝者を裕福にするのが生きがい。また、墓地にイタズラするのが趣味である。

Great DemonKing File 48

闇夜の不死鳥

フェニックス phoenix

地獄の大侯爵。20の軍団長。ソロモンの72柱の悪魔のひとりでもある。

炎に包まれた美しい不死鳥の姿をしている。話す声は子供のようである。元は「座天使」だった。

すべての学問に詳しく、趣味は詩を書くこと。いつか天界にもどりたいと思っている。

彼は歌が得意だが、その歌を聴いた人間は発狂するか、死ぬとされる。

Great DemonKing File 49

悪魔の人面ライオン

マルバス Marbas

「バルバス」(Barbas)ともいう大総裁。ソロモン72柱の魔神の1柱。36の軍団長。人間の顔をしたライオンの姿。工芸に秀でている。

また、どんな場所に隠されたものや、無くしたものでも発見できる。人間界に病気を蔓延させるのも彼の生きがいだ。

自分を崇拝する人間を理想のルックスに変身させてくれるが、そうでないヤツは動物にしてしまう。

Great DemonKing File 50

闇の毒々人魚姫

ヴェパール Vepar

「セパル」(Separ)、「ヴェパル」(Vepar,Vephar)とも呼ばれる地獄の公爵。ソロモン72柱の魔神の1柱。29の軍団長。

美女の頭と美乳の上半身に水鳥の身体で、魚のシッポ。いわゆるセイレーンの姿である。船舶を難破させ、海難事故を起こす。人間の劣情を煽り、ヘンタイ性欲の道に引きずりこむ。人間を傷つけ、毒を注入して苦しめるのが生きがいである。

彼による傷も毒もエクソシストにしか治療できない。

Great DemonKing File 51

地獄帝国の詩人

アモン Aamon

大侯爵で、40の軍団長。ソロモン72柱の魔神の1柱。

頭はフクロウで、くちばしに獣のキバが生えている。このくちばしから炎を吐く。身体はオオカミで、ヘビの尻尾を持つ。「悪意」と「エゴイズム」の権化。

過去・現在・未来のことを知っていて教えてくれるし、崇拝者が頼むと、ケンカした友人との仲を修復してくれる。

趣味は詩を書くこと。

Great DemonKing File 52

天文学者の暗黒星

アロセール Allocer

大公爵。ソロモン72柱の魔神の1柱。36の軍団を率いている。

馬に乗ったライオンの頭の騎士の姿。目から強力な光を発している。この目を直視すると、人間は失明する。

広範に学問をよく知っていて、特に天文学が得意である。

「アロセス」（Alloces）、「アロケル」(Allocer,Alocer)、「アロケン」（Allocen）とも呼ばれる。

Great DemonKing File 53

平和主義の悪魔騎士

ミュルミュール Murmur

大公爵にして、伯爵。コンドルに乗り、王冠をかぶった騎士の姿で、オーケストラを引きつれ、出現する際にテーマ曲を演奏する。もとは「座天使」だった。

音楽が大好きで、戦いを好まず、軍団も指揮しない(30の軍団長だという説もあるが)。

「ムルムール」(Murmur)、「ムルムル」(Murmur) とも呼ばれる。

ソロモン72柱の魔神のひとり。

Great DemonKing File 54

地獄の蛇天使

ヴォラック Volac

地獄の大総裁のひとり。30の軍団長。ソロモン72柱の魔神の1柱。

キューピッドみたいなかわいい子供の天使の姿で、頭が2つあるドラゴンに乗っている。

天文学の権威で、宇宙に詳しく、あらゆる惑星のことを知っている。

また、あらゆるヘビはヴォラックを崇拝していて、彼もすべてのヘビの住処がわかっているという(なんの役に立つのか?)。

Great DemonKing File 55

魔界のファッション・リーダー

ピュルサン Pursan

「キュルソン」(Curson)、「プールソン」、「プルソン」(Pursan) とも呼ばれる地獄の王。22の軍団長。顔面がライオン、他は人間の姿。

出現する時にはかならずその時代の最新流行の服を身に付けている。また、出現の際、トランペットのテーマ曲が流れる。片手にヘビを持ち、クマにまたがっている時もある。

過去・現在・未来について詳しく、隠された財宝の場所をすべて知っている。

Great DemonKing File 56

迷宮入り殺人鬼の師

カークリノラース Caacrinolaas

「カッシモラル」(Caassimolar)、「グラシャ＝ラボラス」(Glasya-Labolas,Glassia-labolis) とも呼ばれる大総裁。ソロモン72柱の魔神の1柱。36の軍団長。ワシの翼を持つ犬の姿。

あらゆる学問の権威であり、未来を予知する能力を持つ。人間界に殺人事件を起こすのが彼の生きがいで、次々と連続殺人鬼を作り出す。

崇拝者には透明人間になる術を教えてくれるので、逮捕されていない殺人鬼は彼の信者なのかも。

Great DemonKing File 57

暗黒コウノトリ

スコシス Scox

「スコクス」、「シャックス」（Scox）とも呼ばれる、公爵にして、大侯爵。30の軍団長。コウノトリの姿をしている。

ウソの権威で、他人を騙し、詐欺にひっかける方法を知っている。そして、約束は絶対に守らない。まったく信用できない悪魔。

隠し財宝の場所に詳しく、趣味は金持ちから財産を盗むコト。特に馬を盗むのが大好きである。

Great DemonKing File 58

地獄の酔いどれ蜘蛛

ミシャンドラ Misshandra

かつて魔法王ソロモンによって召喚されたことのある悪魔だが、ソロモンの「72柱の大悪魔」にはなぜか含まれていない。

彼は「72柱の大悪魔」をしのぐ、強力な魔力を持つとされる。

ミシャンドラは巨大なクモの姿で、その身体に14本ものカエルの足が生えている。

彼の使命は世界各地で戦争を起こして回ることである。鋭い軍事評論家でもあり、崇拝者には戦争の必勝方法を教えてくれる。

趣味は酒を飲むこと。

Great Demon King File 59

「高慢」の美堕天使

ベリアル

Belial

ルシファーの「神への反逆戦争」に賛同し、兵士勧誘に貢献

地獄の王のひとりで、80の軍団長。ソロモン72柱の魔神の1柱。「高慢」を象徴する。

美青年の天使で、炎に包まれた戦車に乗って出現する。威厳のある態度と、優雅な身のこなし、美声で話し、どんな人間も彼に好感を抱かずにはいられない。

元「力天使」だった堕天使で、ルシファーに協力して、多くの天使を神への反乱に誘い込む手助けをした。結局、反乱は失敗し、ルシファーたちとともに、地獄に落とされた。

『新約聖書』では12使徒のひとり、バルトロマイに捕まったベリアルが自分は「神が最初に創造した天使サタナエルだった」と話すシーンがあるが、彼はウソしか言わない悪魔なので、鵜呑みにしてはいけない。ちなみにサタナエルはユダヤ教では「サタン」（神の敵）と同意語だとされていた。

悪魔化した彼はウソと裏切りのエキスパートとなり、人間界に悪徳をはびこらせることが生きがいになった。

彼はウソつきで、気まぐれなので、まったく信用に値しないのだが、見た目の良さと、口の上手さで、どんなに用心深い人間も騙されてしまう。典型的な詐欺師でもあり、世の中の詐欺やネズミ講、マルチ商法、また、何の仕事をやっているのかよくわからないのに、妙に金持ちなセレブなどの守護者である。

また、人間の肉欲を煽りたて、淫らな想像力を刺激して、セックスのトリコや変態性欲者を作り出す。あらゆるセッ

ソドムとゴモラの街を、色欲の炎で壊滅させた元凶の悪魔

クスのイヤラシイ新技術はベリアルが考案し、人間に吹き込んだものである。人間を無謀な行動に走らせるのも得意分野である。

『旧約聖書』ではソドムとゴモラの2つの都市に悪徳を蔓延させ、住民全員をセックスのことしか考えない人間にして乱交させ、社会を混乱させた。

神はソドムとゴモラの乱れた有様に怒り狂い、炎と流黄で都市を焼き払い、住民を全滅させてしまった。

またベリアルは、ユダ王国という国の王を操って、悪政を敷き、国全体を退廃させたこともある。

他にも、伝説的な魔法使い、ソロモン王によって、80の軍団（52万2280人の悪魔で構成されるといわれる）とともに小さなビンに封じ込められたエピソードも有名。

ソロモンはこのビンをバビロンの古井戸の底に封印した。しかし、のちにバビロン人によって封印が解かれ、ベリアルと軍団は復活した。

自分を崇拝する者には、社会的地位を向上させ、友人との友好な関係を長続きさせてくれる。また、有能な人材を紹介・派遣してくれるリクルート能力がある。

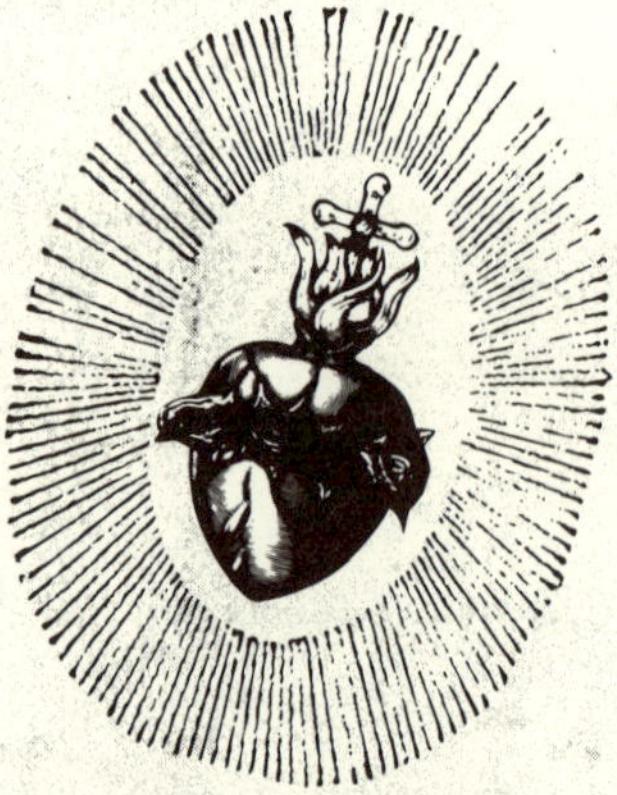

Novel

誰しもが気になる「セックス魔術」とは?

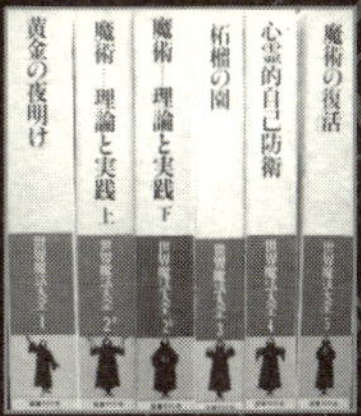

『世界魔法大全5　魔術の復活』（著者：ケネス・グラント／出版元：国書刊行会／発行：1983年）〈写真は全巻の背表紙〉

アレイスター・クロウリーの弟子で、魔術結社「ОТО」の首領だったケネス・グラントによる、師匠直伝の「セックス魔術」を現代的に改良した魔術理論と、その実践についての解説本。グラントはクロウリーの『法の書』と、ラヴクラフトの『ネクロノミコン』の類似に気づいた最初の人物でもある。

Novel

けして実行してはならない恐怖の黒魔術

『禁書　黒魔術の秘法』（著者：流智明／出版元：二見書房／発行：1988年）

黒魔術集団「青狼団」の主宰者、流智明が魔術書『グリモア』から、「アブラメリンの魔術」（マクレガー・メイザースが発掘した）、ジョン・ディーの「エノク魔術」などの魔術儀式を具体的に紹介したもの。ほとんどが相手を破滅させるイメージどおりの黒魔術なので、けして実行に移さないコト。

Great Demon King File 60

「強欲」の成金魔神

マモン

Mammon

神に匹敵する悪魔、「金銭欲」を擬人化した魔物「マモン」

「アマイモン」（Amaimon）とも呼ばれる、東方に権力を振るう大悪魔。「7つの大罪」の「強欲」を象徴する。

元・天使であるとか、元・異教の神であったとかの古い来歴を持たず（後世には「堕天使」だったとされ、ルシファーの反乱とも関連づけられるようにもなったが）、『新約聖書』の「マタイ伝　福音書」にある記述以降に強力な悪魔の1人と見なされるようになった、悪魔界の出世頭である。

もともと「マモン」とは、シリア語で「金銭」や「富」の意味だった。それが、「マタイ伝」にいわく、「人は神と金銭（マモン）の両方に仕えることはできない」との記述があったことから、以降、「マモン」は擬人化され、結果的に金銭欲の権化であり、神に匹敵する悪魔だとされるようになったのである。

人間界に資本主義の原理や、自由経済が導入されたことによって、マモンのごとき、新たな悪魔が出現し、強大化する余地が生じたといえる。

2つのカラスの頭を持つオオカミ、あるいは人間の身体をしており、クチバシから炎を吐く。地中の金脈や、宝石、財宝を感知し、簡単に発掘する能力を持つ。人間にこれらのモノの価値を教えたのも彼だという。

天使時代にすでに、地獄に豊富な金脈があることを知ったマモンはその金脈を我が物にしたいばかりに、ルシファーの反乱に加わり、わざと戦闘に負けて、自発的に地獄に落ちたともいわれている。彼

大悪魔たちの根城、「万魔殿」の悪趣味インテリアはマモンのおかげ

は「金塊のない天国にはいたくない！」と発言したと伝えられる。

人間界に強欲な者や、守銭奴、儲けるためなら手段を選ばない者を蔓延させるのがマモンの使命である。彼はあらゆる成金の人間を愛している。

強欲な人間に召喚され契約を結ぶと、魂と引き換えに大金や金銀財宝を欲しいだけあたえてくれるが、マモンが取り引きに使うのは偽札と偽造宝石なので要注意。彼は他人に財産を分けあたえるなら死んだほうがマシだと考えているからだ。つまり、彼と契約しても騙されるだけだからムダということである。

地獄にルシファーをはじめとする大悪魔たちの拠点である「万魔殿」（パンデモニウム）を建造する際に、この建物を大天使の拠点「万神殿」（パルテオン）以上に美しいものにしようとした悪魔たちはマモンに依頼して、金銀財宝を集めさせた。

壁や床がすべて黄金で覆われた結果、「万魔殿」は成金趣味丸出しのバッド・テイストにあふれた宮殿になった。

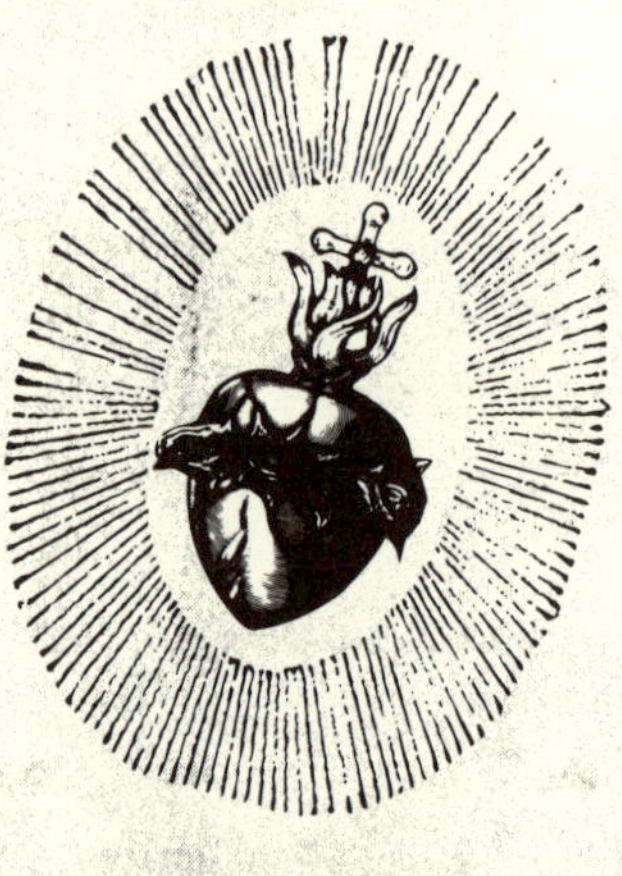

Novel

もっとも効果的と言われる西洋魔術の奥義

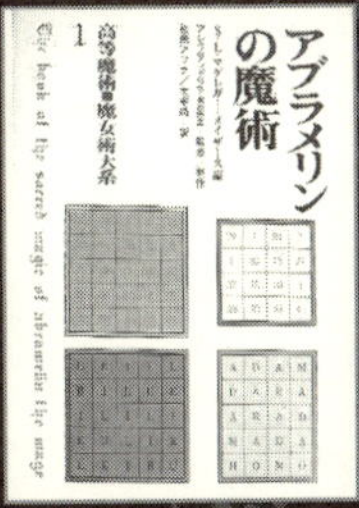

『アブラメリンの魔術』（著者：S・W・マグレガー・メイザース／出版元：チャーチ・オブ・ウィッカ／発行：1990年）

天才魔術師マグレガー・メイザースが大英図書館から発掘し、現代語訳した「アブラメリンの神聖魔術書」の邦訳。アブラメリンは14世紀の魔術師で、文字や記号を配した「魔方陣」で魔術を発動するシステムを考案したといわれる。その「魔方陣」のマス目に代入する記号を変えれば、発動する魔術が変化する。

Movie

世界平和を守るため戦う異端のヒーロー

『ヘルボーイ』（監督：ギレルモ・デル・トロ／製作国：アメリカ／配給：UIP／製作年：2004年）

人気アメコミの映画化。ナチス・ドイツの最終計画によって地獄から召喚されたのは、なんと悪魔の子供だった。イギリス軍に保護された彼はヘルボーイと名づけられ、エージェントに成長する。しかし、地上に破滅をもたらす存在だった本来の使命を思い出させるために、悪の魔術師ラスプーチンが出現して……。

Great DemonKing File 61

魔界の放火魔

ハボリム Haborym

別名を「エイム」(Aim)、「アイム」(Aym)、「アイニ」(Aini)、「ハボリュム」(Haborym)ともいう地獄の公爵。26の軍団長。ソロモンの72の大悪魔のひとり。

中央に人間、右にヘビ、左にネコの頭を持つ人間の姿で、片手に松明を持つ。巨大な毒ヘビにまたがって空を飛び、人間界に火災を引き起こすのが彼の使命である。そのため「火炎公」の称号を持つ。

Great DemonKing File 62

闇の嘘つき魔神

フュルフュール Furfur

「フルフル」、「フールフール」(Furfur)とも呼ばれる伯爵。26の軍団長。シカの頭と下半身、人間の身体で、コウモリの翼を持つ。そして、常に尻尾が燃えている(熱くないのか?)。

元・天使で、天使の姿に変身することもできる。ウソのエキスパートで、ウソつきの人間を守護する。

雷を起こし、好きな場所に落雷させる。崇拝者の夫婦仲を取り持ち、離婚の危機から脱出させる。

Great DemonKing File 63

地獄の建築技師

ヴィヌ Vine

「ウィネ」、「ヴィネ」(Vine) とも呼ばれる伯爵。ソロモン72柱の魔神のひとり。19の軍団長。

ライオンの頭をした人間の姿で、片手にマムシを持ち、黒い馬に乗っている。

過去に起きたことはすべて知っているのが自慢。

建築学の権威でもあるが、一方で河川を氾濫させ、洪水を起こして建物を破壊し、津波で街を壊滅させるのも大好きだ。新たにできた更地に新しい建物を建てることができるからだ。

Great DemonKing File 64

闇ガラス

ラウム Raum

地獄の大伯爵。30の軍団長。血まみれの鉤爪を持つカラスの姿の悪魔。

元「座天使」だった堕天使で、あらゆる破壊を司る。特に大都市を破壊することを好む。

自分の崇拝者の社会的地位を向上させる一方、敵対者の評判を低下させる。

「ライム」(Raim,Raym)の別名で呼ばれることもある。

ソロモン72柱の魔神の1柱でもあった。

Great DemonKing File 65

地獄界の弁達者

アンドロアルフュス Andrealphus

「アンドレアル」(Andreal)とも呼ばれる侯爵にして、30の軍団長。ソロモン72柱の魔神の1柱。

普段はクジャクの姿をしているが、人間に変身することも可能。

幾何学と天文学の権威であり、人に教えるのも得意。

また、詭弁や言い逃れ、屁理屈などに詳しく、ディベートや論争の必勝方法を教えてくれる。

崇拝者には鳥に変身する方法も伝授する。

Great DemonKing File 66

ライオン地獄車

ブエル Buer

地獄会議議長。ソロモン72柱の悪魔の1柱。50の軍団長。

ライオンの頭の周囲に5本のヤギの足が放射状に生え、転がって移動する。

哲学と論理学のエキスパート。薬学にも詳しく、どんな病人でも回復させる。

崇拝者には有能な人材を派遣してくれるという。

アレイスター・クロウリーが彼の頭部と足一本分を召喚したことがある。

Great DemonKing File 67

悪魔の吹奏楽者

アムドゥシアス Amduscias

ソロモン72柱の魔神の1柱。「アムドゥスキアス」(Amduscias)、「アムドゥキアス」(Amdukias) とも呼ばれる。大侯爵で、29の軍団を率いる。

一角獣の頭をした人間の姿で、音楽が大好き。出現する時にはトランペットをはじめとするホーンセクションの音楽が鳴り響く。自分を崇拝する者には、大々的なコンサートを開催してくれる。

また、植物全般がアムドゥシアスを崇拝していると言われる。

Great DemonKing File 68

魔界の物知りポニー

ガミジン Gamigin

「ガミギン」(Gamygyn) とも呼ばれる大侯爵。ソロモン72柱の大悪魔のひとり。30の軍団を率いる。

ポニーみたいな小さな馬の姿だが、人間に変身することもできる。

すべての学問のエキスパートで、なんでも教えてくれる。

エクソシストに協力して、霊を現世に呼び出す手助けもする。

「エノク書」にも彼についての記述があるという。

Great DemonKing File 69

白馬の筋肉魔神

マルティム Marthim

「マティム」(Mathim)、「バティン」(Bathin)、「バティム」(Bathym) とも呼ばれる地獄の公爵。30の軍団長。

筋肉質のマッチョな男の姿で、ヘビの尻尾がある。そして、白馬に乗って出現する。趣味は筋肉トレーニング。

彼は薬学と宝石に詳しい。自分を崇拝する人間を好きな場所に瞬間移動させてくれる。

ソロモン72柱の魔神の1柱。

Great DemonKing File 70

魔の好感度アドバイザー

ロンウェー Ronwe

地獄の侯爵にして、伯爵。名状しがたい怪物の姿をした、19の軍団長。

言語学の権威で、どんな言葉も解するし、生物以外の無生物とも話ができる。崇拝者には誰からも好かれる方法を教えてくれる。

「ロンウェ」(Ronwe)、「ロノウェ」(Ronove)、「ロネヴェ」(Roneve)、「ロノベ」(Ronobe) と呼ばれることもある。

ソロモン72柱の悪魔の1柱。

Great DemonKing File 71

魔界の大工

マルファス Malphas

「マルパス」(Malpas)、「ハルパス」(Halpas) との呼び名も持つ地獄の大総裁のひとり。

ソロモン72柱の大悪魔のひとりで、40の軍団長。人間の手足を持つカラスの姿。

建築学の権威で、絶対に攻略されない基地や城塞を作るとともに、敵の建築物はかならず破壊できる。

崇拝者たちの家庭に平和をもたらし、腕のいい職人を紹介・斡旋してくれる。

Great DemonKing File 72

闇の肉欲魔神

シトリー Sitri

「ビトル」(Bitru)、「シュトリ」(Sytry) ともいう、地獄の王のひとり。70の軍団長。ワシの翼を持つヒョウの姿。

人間の肉欲や劣情をかき立て、セックスのトリコや、ヘンタイへの道に導き、普通のプレイでは満足できないカラダにしてしまう。あらゆる性の倒錯は彼の仕業である。

崇拝者には好みのタイプの女の性奴隷を派遣してくれる。

趣味は特定の女性の恥ずかしい秘密を暴きたて、世間の笑いものにするコト。

Great Demon King File 73

児童虐待犯の守護神

モロク

Morax

幼い子供の断末魔を好み親の涙を楽しむ「涙の国の王」

「モレク」、「モラクス」(Morax)、「フォライー」(foraii)、「フォラクス」(Forax)とも呼ばれる地獄会議議長のひとり。「モロク」とはヘブライ語で「王」の意味。ソロモンが召喚した72柱の魔神の1柱。

子牛の頭部を持つ人間の姿で、王冠をかぶり、王様の衣装を着ている。かならず、王座に腰掛けて出現する。

モロクは、子供を虐待し、殺すのが大好きで、彼の出現にはかならず子供たちの生贄が必要。子供たちが泣き喚く声が周囲に響くため、「涙の国の王」とも呼ばれる。子供の血にまみれることと、親の涙を見ることが彼の趣味である。

現在の幼児虐待(チャイルド・アビュース)の元祖的存在であり、子供を殺すのが好きな連続殺人者や、子殺しの親、幼児レイプ犯、幼児ポルノの製造販売業者たちを守護している。

かつて、モロクはヨルダン東部に栄えたアモン人(セム族の一部族)の国家で崇拝された神だった。この時には、彼は農耕と豊穣を司っていた。

アモン人たちはモロク神に子供を殺して生贄にした。そのために巨大な金属製のモロク神像を作った。胴体には7つの扉がついており、像の内部も7つに区切られ、子供、小麦、ハト、ヒツジ、ヤギ、子ウシ、ウシの7種の捧げものが入れられた。

像は一種のオーブンになっていて、内部を強力な火力で熱し、これらすべての生贄を

モロク信仰の神殿跡地から、「地獄」のイメージが創られた

一度に生きたまま焼き殺し、調理できたのである。

この時、子供の泣き声や断末魔が聞こえるので、神像の周囲に楽団を配置して、曲を演奏して、誤魔化していた。アモン人たちも、子供の死ぬ時の悲鳴は聞きたくなかったようだ。

この儀式を嫌ったユダヤ人はこの異端の神を悪魔だとした。なので、『旧約聖書』の中で何度も名指しで非難されている。キリスト教もそれを引き継ぎ、モロクを悪魔化し、地獄の有力メンバーだとした。

「ゲヘナ」という悪魔も実はモロクのことだとされる。また、このゲヘナは『新約聖書』に記述される「地獄(ゲヘナ)」の語源だという。

「ゲ・ヒンノム」という地名のモロク神殿のあった場所は、モロク信仰が廃れたのちは、ユダヤ人のゴミ捨て場になった。火葬場でもあったため、ゴミを焼く煙と匂い、火葬の炎が充満していた。

ユダヤ人たちはこの場所のイメージから地獄の姿を作り上げていったのだ。そこで、「ゲ・ヒンノム」が短縮され「ゲヘナ」と変化し、地獄の意味になったという。

ミルトンの『失楽園』では、モロクはルシファーの反乱に協力して、地獄に落とされた堕天使のひとりとして描かれている。

ここではモロクはルシファーの副官のひとりだという設定で、大天使ガブリエルと戦うという見せ場がある。

Novel

『黄金の夜明け魔法体系』（出版元：国書刊行会／発行：1993年）

イギリスで復興された儀式魔術の集大成

「ゴールデン・ドーン」で研究され、体系化された魔術理論、「典礼魔術」の儀式を全６巻で集成した全集。クロウリーの弟子で、『石榴の園』の著書もあるイスラエル・リガルディーの『黄金の夜明け魔術全書』（上・下）や、『召喚魔術』をはじめ、クロウリー派の性魔術関連の本の収録が多い。

Movie

『エクソシスト2』（監督：ジョン・ブアマン／製作国：アメリカ／配給：ワーナー・ブラザース映画／製作年：1977年）

今なお賛否両論分かれるのは続編の宿命か!?

前作の大成功で製作された「パート２」。前作の事件の後、リーガンは精神科医の治療を受けているが、またまたパズスが復活。といっても、悪魔の出現は大量のイナゴの発生として描かれ（『黙示録』でもそうだが）、幻覚シーンも多い映像美にこだわった映画で、前作のオカルト映画を期待すると失望する。

Great Demon King File 74

「暴食」の暗黒蝿王

ベールゼブブ

Beelzebub

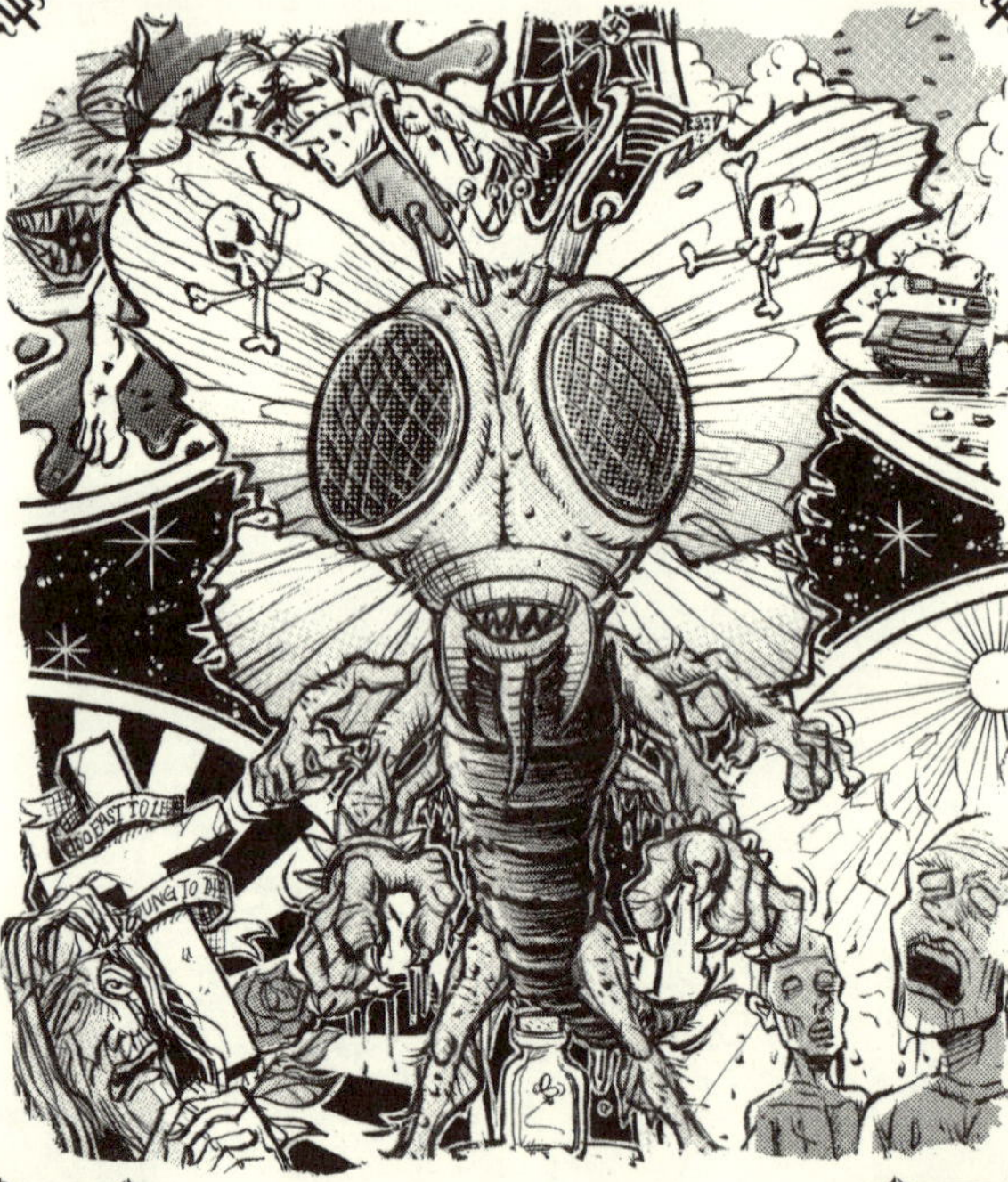

キリストも一目置く!? 変幻自在の「地獄のナンバー2」

「ベルゼビュート」(Belzebút)、「ベルゼバブ」(Beelzebub)などとも呼ばれる地獄の王。29の軍団長。「7つの大罪」の「暴食」を司る。

しかし、ベールゼブブの真の姿には、多くの悪魔学者・悪魔研究家によって、さまざまな説がある。

ある者は「地獄の最高君主」だとし、別の研究では「ルシファーに次ぐナンバー2の権力者」だといい、また、「ルシファーの親友」だという者もいる。

ベールゼブブは「ルシファーの分身。または同一人物」だとする説もある。「バールと同一人物」ともいわれ、どれが真実かは誰にもわからない。

『新約聖書』の「マタイ伝」ではイエス・キリスト本人がベールゼブブを「悪魔の皇帝」だと発言。また、イエスは悪魔の軍勢を地獄に追い返す際、ベールゼブブの名において行なったのではないかとして、ユダヤの律法学者たちに批判されたことがある。

「ハエの王」という別名のとおり、王冠をかぶった巨大なハエの姿をしているが、どんな姿にも変身できるという。ある時には、巨大な虹色のたてがみを持つ牛であったり、黒い毛に覆われた異形の巨体であったりと、出現する際に変身を繰り返す。

黒魔術の儀式のために大量の子供をレイプした上、殺害し、生贄にした「青髭」こと、ジル・ド・レイ侯爵も、ベールゼブブを召喚したとされ、その時にはヒョウの姿だったという。

ほぼ全ての「悪魔憑き事件」をベールゼブブが起こしている

出自に関しても諸説があって、堕天した「熾天使」であるとも、「古代カナン国で崇拝されていた神」あるいは「フェニキア人の神」がキリスト教の神に敗れて悪魔化したともいわれている。カナンでは「バール・ゼブル」（高貴な館の主）と呼ばれ、豊穣の神だった。また、カナン人たちは死者の霊をハエが天国に運ぶと信じていた。

ユダヤ人たちはこの神を嫌い、彼らの魔術書『ソロモンの誓訳』で、わざとスペルをまちがえ、「バール・ゼブブ」（ハエの王）とし、悪魔のひとりに格下げしたという。

人間界に嫉妬を蔓延させ、戦争の火種を煽る。人間を淫乱にするのも大好き。伝染病を蔓延させたり、新しい病気を作り出す。人間を誘惑して、配下の悪魔崇拝者、悪魔主義者を作り出す。

かつて伝説的な魔法王、ソロモンによって小さなビンに封じ込められたことがあるが、脱出に成功。地獄の王に復帰した。15世紀から17世紀頃には、地獄を統括していたとされる。このために、ベールゼブブは最も有名な悪魔の1人となり、悪魔憑き事件のほとんどが彼の仕業といわれるほど、事例が多い。

なかでも有名なのは、ユルバン・グランディエという破戒神父による黒ミサにより、一気に大量の修道女に悪魔が憑いて乱交したという事件だが、これもベールゼブブが召喚されたことによる魔力の仕業だとされている。

Novel

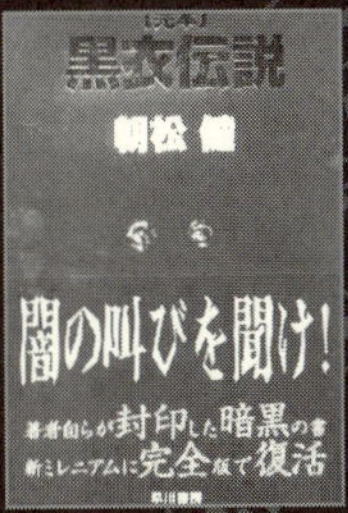

『完本　黒衣伝説』（著者：朝松健／出版元：早川書房／発行：2001年）

失踪した編集者の手記が招いた奇怪な体験

ホラー作家の朝松健が、魔術書を作っていた「国書刊行会」編集者時代に遭遇した、世にも恐ろしい体験をベースに書いたフィクション。だが、同時に魔術やオカルト、超常現象、ＵＦＯなどの事件の背後に暗躍する「黒い男」の謎に迫り、魔術の歴史の真の姿も学べるという本当にスゴイ本。

Novel

『高等魔術実践マニュアル』（著者：朝松健／出版元：学研／発行：1987年）

あなたの運命を変える秘密の力を伝授

ホラー作家で、魔術研究家の朝松健による、「ゴールデン・ドーン」系の魔術を初心者用に解説した上で、実践篇に導く、タイトルに嘘偽りのない実践マニュアル。「祓い」や「聖別」の儀式の方法から、付録の「タリズマン」に魔力をチャージし、「６大天使」を召喚する方法など非常に具体的だ。

死んでも懲りない僕たち

～ブラック・メタル最凶伝説～

ただでさえ「悪魔的」だと攻撃されているロックだが、そのほとんどは無害なエンターテインメントだ。ところが、本当に「アンチ・キリスト教」「悪魔崇拝」を信じ、音楽活動をしているバンドがある。

それらのバンドがやっているのが、「ブラック・メタル」。このジャンルの出現は、1982年に遡る。この年、イギリスでヴェノムというメタル・バンドが『ブラック・メタル』という、ファースト・アルバムをリリースしたのである。

「悪魔主義」を旗印にしたダークでヘヴィなサウンド、このアルバムを聴いた者たちはみなブラック・メタルの崇拝者になっていった。ブラック・メタルのバンドも増加した。そして、アメリカ、ヨーロッパへとファンが拡大していった。ただし、ヴェノムの「悪魔主義」は多分にギミック寄りだった。だが、ファンや後続のバンドはそうは受け取らなかった。

初期のブラック・メタルは悪魔を崇拝し、反キリスト教であるというだけだったが、次第に「極右主義」と接近。「極右」であることから、「ナチズム」が取り入れられた。もちろん、同時に「反ユダヤ主義」と「人種差別」もセットでついてきた。ブラック・メタルは一気に危険思想満載のロックになったのだ。

特にスカンジナビア半島で、ブラック・メタルは異常な盛り上がりを見せた。その中でもノルウェーでは、バーズムというバンドの強い影響力のもとで、ブラック・メタルがマジに受けとめられていた。正確にはバーズムは、「カウント・グリシュナック」こと、ヴァーグ・ヴィカネスのひとりプロジェクトで、彼がひとりで多重録音しているというものだった。

　さらに、ヴィカネスは、ノルウェーのキリスト教会に次々と放火して、いくつもの教会を全焼させる事件を起こしている。自らの「悪魔主義」「反キリスト教」を行動で示したワケである。以降、彼をマネして、教会に放火する者が多発している。

　ヘビメタの歴史を追ったドキュメント映画『メタル ヘッドバンカーズ・ジャーニー』で、ブラックメタラーによる放火で燃える教会の映像を見ることができる。また、ヴィカネス自身、燃え尽きた教会の写真をバーズムのアルバム・ジャケットに使用するなど、その無法ぶりに歯止めがかかる様子はなかった。

母親の洗脳によって偏った危険思想に

　ヴィカネスを中心とする、実際に犯罪も行なうブラックメタラーたちは、「インナー・サークル」と名乗り、一種のカルト集団と化していた。彼らは誰がいちばん邪悪かを行動で示し、競い合っていたのだ。

　ヴィカネスの「悪魔主義」と「ナチズム」「人種差別」は母親ゆずりだった。母親がこれらを信じており、子供の頃からヴィカネスを洗脳していたのだ。まあ、別の意味では、母親の教えを忠実に守る「いい子」なのかもしれないが……。

　子供の頃から、ナチのヘルメットを被って遊んでいた彼は、小学校の頃、一時、イラクで暮らすことになったが、この時にイラク人の子供にイジメられ、「有色人種」がキライになった。

　ノルウェーに戻ってからは、実兄とともに「スキンヘッド」となった。「スキンヘッド」は、ただボウズ頭にしている人のコトではない。強力な「極右主義」の集団なのだ。彼らはネオナチの構成員でもある。そののちに、ヴィカネスはブラック・メタルを知り、バーズムを結成する。

バリバリのブラックメタラー時代のヴィカネス。逮捕時には自宅から銃や爆弾、ダイナマイトが押収された。現在の彼は金髪優男風のルックスで完全に別人。

　しばらくは「悪魔主義」を掲げて活動していたヴィカネスだが、突然、「悪魔主義」を放棄し、今度は「北欧神話」に方向転換した。ブラックメタラーたちはみんなビックリし、なかには「裏切り者」と罵る者まで現れたが、ヴィカネスはある意味、論理的だった。

　つまり、「悪魔」は『聖書』に登場する「キリスト教的な概念」であるから、「悪魔主義」をやっている以上、「悪魔主義者」はキリスト教の内側にいるしかない。だから、完全にキリスト教から離れるためには、「キリスト教以前の宗教を信仰するべきだ」というのが、彼の考えだった。そして、スカンジナビア半島の自前の神話「北欧神話」が選ばれたのだ。しかも、これはアーリア人の人種的な優位を信じる「極右」で「ナチ」のヴィカネスにとって、非常に都合がよかったのである。

　この「思想」が発表されると、ファンのブラックメタラーだけでなく、北欧のメタル・バンドもこれに追従した。彼らは「悪魔主義」から、「極右主義」「人種差別」に方向転換したのである。ヴィカネスの影響力はすさまじいものがあったのだ。

　とはいっても、ヴィカネスの

「アーリア人優位」の主張には、「青い眼の人間、アーリア人こそ、優秀。なぜなら、空も海も青いからだ。ユダヤ人の眼は茶色だろ。ケツの穴の色じゃないか！」という、頭悪いのが丸わかりのものもあるのだが、この程度のことにノルウェーの若い衆は「そのとおり！」と賛同したのだった。

50頭の羊を殺した血みどろライブ

そんなヴィカネスは、同じブラック・メタル・バンドのメイヘムのユーロニモス（ギター、ヴォーカル）を1993年に刺殺するという事件を起こして逮捕され、ムショ入りしている（懲役21年）。殺害理由は、思想上の理由などではなく、単なる金銭トラブルである。ユーロニモスに「ブラック・メタルはインディーズで活動するべきで、メジャーなレコード会社と契約するのは間違いだ」と言われてカッとなったとも言われているが……。

メイヘムのブートレグ音源のライブ・アルバム『ドーン・オブ・ブラック・ハート』（輸入盤／発売日：1995年／1990年2月28日、ノルウェーのサルプスボルで収録）

ちなみに、メイヘムは1991年にデッド（DEAD。そのまんまだ）というメンバーが、ショットガンで自殺している。ユーロニモスが第一発見者で、彼が撮影した自殺死体写真は、ライヴ・アルバム『ドーン・オブ・ブラック・ハート』のジャケットに使用されている。

ヴィカネスが逮捕されたのをきっかけに、ほかのバンドの教会放火犯たちも逮捕され、一時、ノルウェーのブラック・メタルは衰退した。そして「インナー・サークル」も崩壊していった。

なかには、せっかくヴィカネ

スに作詞を依頼してアルバムを制作し、そのジャケットに「ノルウェーのアーリア人によるブラック・メタル」だの、「このアルバムを批判する人間はユダヤ人なみに下等」などと印刷したのにもかかわらず、イギリスのレーベルから発売を拒否され、CDショップなどからも販売しないといわれるや、いきなり「我々は人種差別的なバンドではない。誤解を招く表現があったことを謝罪します」と、手の平を返したように腰の引けた態度になった、ダークスローンというバンドまで現れた。ブラック・メタルも、もうおしまいかと思われたのだが……。

しかし、２００１年にはゴルゴロスというバンドのメンバー、ゴールが、通りすがりの男性を拉致・監禁して、殴る蹴るの暴行を加えた上、電流を流して拷問するという事件を起こしている。彼は逮捕され、懲役１年の実刑判決を受けた。

さらに、ゴールは翌年にも、自宅でのパーティーに来ていた男性を鈍器で殴った上、ボコボコにし、鼻と前歯を折った。そして、流れる鼻血をグラスに注いで飲んだ。もちろん、ゴールは逮捕された。彼の母親は「息子はベジタリアン。血を飲むわけがないわ」と証言したが、懲役14カ月、慰謝料３２０万円を言い渡されている。

このゴルゴロスは、２００４年にもポーランドでのライヴで50頭の羊を殺して、首を切断。その血にまみれた全裸の女性ダンサーたちを磔刑にするという「演出」を行なった。別にやりたければ、反対する理由はないが、悪いことにこのライヴはＴＶで放映された。もちろん、社会問題となり、担当したＴＶ局のプロデューサーが懲役2年の実刑判決を受けるハメになった。

それだけではない。同年、こ

のバンドのメンバー、インフェルヌスがダチとふたりでクラブでナンパした29歳の女性を自宅に連れ込み、ドラッグでフラフラにしておいて、殴る蹴るの暴行を加えて、交互にレイプしたとして、逮捕されている。この女性は自ら進んで、彼らにホイホイついていったともいわれるが、インフェルヌスには懲役3年、慰謝料160万円が言い渡されている（2006年の再審で懲役1年に減刑）。

ゴールもインフェルヌスも「出所するまでの辛抱だ。逮捕されたからって世界の終わりじゃないんだから」と、まったく反省の色がないという。なんだか、ロック・バンドじゃなくて、ヤクザのアンちゃんの話を書いている感じになってきたな。

ロックのルーツに気づきブラックメタルを放棄

一方、獄中のヴィカネスは「N・H・F」（ノルウェジアン・ヒーザン・フロント）という組織を名乗って、ヨーロッパ各国の極右組織と文通。「極右思想」と「北欧神話」を結びつけた本を書いて出版している。また、シンセサイザーでインストの暗黒アンビエント系のアルバムを制作し、リリースしている。

彼は獄中で、ロックのルーツが黒人音楽にあることを知り（遅い！）、「ブラック・メタルもロックの一部であるのは屈辱的」だとして、「もうブラック・メタルはやらない」と宣言している。

1997年には、極右組織がノルウェーの要人を対象にテロを計画したとして摘発されているが、この時、ヴィカネスの母親が、その組織に資金援助をしていたとして逮捕されている。資金源は息子のバンド、バーズムのCDの印税などだった。組織はテロが成功したら、ヴィカネスを脱獄させると母親に約束していたともいう。母親は「息子が獄中でどんなにつらい目にあっているかと心配でたまらなかった」と泣いたとか。

　そんな息子、ヴィカネスは2003年の仮出所中に逃走し、再逮捕。ノルウェーでもっとも重警備のトロンハイム刑務所に監禁されているが、2008年に仮釈放の予定だ。

メンバーの暴力事件がやたらと多いゴルゴロスは、ノルウェーのブラック・メタル界の大御所バンド。見かけと同様に楽曲も凶暴さが売りで、この世のものとは思えない絶叫に頭がクラクラすること必至。

　本人が「ブラック・メタルはやらない」と言っているにもかかわらず、彼の思想は浸透し、「自国の本来の文化を尊重する」と自称する「ナショナル・ソーシャリスト・ブラック・メタル」が登場。この場合に「自国の文化」と彼らが言っているのは、「アーリア人の文化は世界イチィィィ!」「白人は優秀。特に青い眼の白人はね!」というコトである。

　このジャンルは、フランス、ポーランドなどで強い支持を得た。フランスは有色人種の移民問題があり、それが原因で就職難になったと思い込んでいる「プア・ホワイト」の若い衆が多いからだ(アメリカと同じような状況だ)。実はフランスの移民受け入れは本国ではなく、いまだにフランスの植民地として存在する「飛び地」の島だったりするのだが……。

　一方、ポーランドはかつてナチス・ドイツの侵攻を受け、占領されたことがあるのだから、この国の若い連中が、ナチズムにハマるのは不可解なのだが、まあ、歴史教育がちゃんとなされていないのだろう(これは日本と同じような状況だ)。彼らは「優秀な白人は団結するべきだ」程度の認識で、ネオナチをやっているのだから（ホントに優秀なら、有色人種に職を奪われることもないと思うけどね）。

悪魔崇拝の儀式を行ない生贄を差し出したバンド

では、今度はイタリアの状況を見てみよう。2001年1月、象徴的な事件が起きている。ミラノ近郊のブスト・アルシジオ市で、口の中を銃で撃たれて死亡した女性のバラバラ死体が発見されたのだ。犠牲者はマリアンジェラ・ペゼッタ（27歳）。

容疑者として、逮捕されたのは、マリアンジェラの元彼氏で、ブラック・メタル・バンド、ベスティ・デ・サタナ（サタンの獣）のメンバー、アンドレア・ヴォルペ（30歳）と、その彼女、エリザベッタ・バラリン（19歳）だった。

ベスティ・デ・サタナはメンバーが十数人もいるという奇妙な「バンド」で、音楽担当のメンバー以外は楽器を演奏しなくてもいいというコトになっていた。彼らがメンバーである理由は、「悪魔を崇拝しているから」というもので、つまり、この「バンド」は、ほとんどカルト宗教みたいなモノだったのだ。ライヴ活動以外にも、悪魔崇拝の儀式を熱心に執り行なっていた。

だが、殺人の原因は別れ話がこじれたというバカみたいなモノだった。口に銃を突っ込んで発砲し、バンドメイトのニコラ・サポネの協力も受けて、死体をバラバラにして埋めた。そういうことだ。

ところが、警察の調べで、彼らベスティ・デ・サタナが本格的なサタニズム・カルトであることが明らかになった。

1998年1月17日の夜、ベスティ・デ・サタナは悪魔崇拝の儀式を行なった。この時、メンバーのファビオ・トリス（16

歳）は、彼女のキアラ・マリノ（19歳）を儀式に誘って連れてきていた。

　突然、ヴォルペはこのキアラを生贄にすると言い出した。ヴォルペはナイフでキアラの胸と腹を何度も刺して殺害した。彼女を助けようとしたトリスは、ほかのメンバーにハンマーで殴られて失神。ヴォルペは彼もナイフで刺し殺すのだった。そして、ドラッグをキメた上で、悪魔に生贄を捧げる儀式を行ない、彼らは2人の死体を森に運んで放置した。死体が発見されたのは、同年5月末。警察の捜査は難航し、容疑者も絞り込めない始末だったのだ。

　2005年、ヴォルペは有罪判決を受け、懲役30年の禁固刑が言い渡されている。彼は「本当に反省している。この事件のせいでパパとママが周囲の人からイジメられたらどうしよう」と泣いたという（なんだか、ヴィカネスの母親が、息子の身を案じていたというエピソートにしても、どうもブラック・メタル関係者は母子の関係が過保護な感じ）。だが、被害者の家族たちは、判決が終身刑でなかったことに不満を表明している（イタリアでは死刑が廃止されている）。

　さらに不可解なのは、現在、ブラック・メタル・バンドは、シンガポールにも、韓国にも、そして、日本にも存在するという事実だ。もともと「白人優位」の「極右主義」であり、有色人種を差別するという前提の音楽を、当の有色人種がやるというのは、どういうことなのか？黄色人種は有色人種ではないとでも思っているのだろうか？

　また、来日してツアーするブラック・メタル・バンドも多い。獄中のブラックメタラーの教祖、ヴィガネスが「僕は日本人が大好きだ。日本はすばらしい国だ」と発言しているからかもしれない。とりあえず、日本はナチス・ドイツと同盟国だったという点で、彼ら的には「日本はＯＫ」ということらしい。でも、あれは「大日本帝国」なのであって、今の「日本」とは違うんだけどなあ。

ブラック・メタルは悪魔の好みにあらず!?

「悪魔教会」の首領、アントン・ラ・ヴェイは生前にこう言った。

「ヘヴィメタルは悪魔が作ったのではない。キリスト教徒が作ったものだ。つまり、キリスト教にヘヴィメタルはいいように利用されているんだ。何か悪いことが起きたときに、ヘヴィメタルのせいにできるようにね」

　また、こうも言っている。

「地獄でかかっている音楽はヘヴィメタルではない。キーボードのメロディアスなラウンジ・ミュージックや、ムード音楽が流れているんだ。私が弾いているみたいな音楽だ。歌詞がついているのであれば、それは知的でなければならない」

　さらにラ・ヴェイは言う。

「ヘビメタは子供たちを思考のないゾンビにするだけだ。だから、子供たちはヘビメタを買うんだ。子供たちは洗脳されている。まったくキリスト教は商売が上手いよ」

　どうやら、みなさん、大きなカン違いをしているのではないだろうか。

　本書で紹介した悪魔たちの中でも、音楽好きな悪魔は、オーケストラとかホーンセクションのある、おそらくクラシックが好みだと思われるし。

　ブラック・メタルをやっている場合じゃない。悪魔的な音楽をやりたいのなら、ギターを捨てて、音大へ入学することだ！

　そうすれば、ママを心配させることもないからな。

市民権を得た「邪神」

～増殖する「クトゥルー・ワールド」～

「クトゥルー神話」は、もうひとつの悪魔の物語だ。それは、キリスト教とも、その他の宗教とも関係がない（そのいくつかは、のちにキリスト教的な悪魔とも関連づけられるようにもなったが）。メインストリームな宗教の背後には、アウトサイダーな邪神の崇拝者たちが存在したのだ。それは超古代にも遡る、我々の知らない歴史である。

それを最初に一般人に紹介したのが、ハワード・フィリップス・ラヴクラフトだ。ラヴクラフトは、1890年8月にアメリカ・ロードアイランド州のプロヴィデンスで、イギリス系の父親、ウィンフィールド・スコットと、サラ・スーザン・フィリップス・ラヴクラフト夫妻のもとに生まれた。

生前にはまったく評価されなかった「クトゥルー神話」の創始者、ハワード・フィリップス・ラヴクラフト。

祖父はゴシック小説の愛読者で、家には古いゴス・ホラー小説の本がたくさんあった。病弱なラヴクラフトはこれらの本を子供の頃から読み、親しんでいた。それだけならば、まだよかったのだが、父親のウィンフィールドは「フリーメイソン」のメンバーだった。

それも、一般的な石工職人のギルド（職業別組合）である「フリーメイソン」ではなく、かつて、サン・ジェルマン伯爵によって操られた、カリオストロ伯爵がフランスに設立した、古代エジプトの儀礼魔術の流れを酌む、「フランス・ロッジ（支部）」系統の組織の関係者だったのだ。

父のウィンフィールドは魔術の実践者でもあったが、そのためか、息子ラヴクラフトが3歳の時から精神異常になり、忌まわしい言葉を言い続けたとされる。父親は5年後に死亡するが、この経験はハワード・フィリップス・ラヴクラフトのその後の人生に大きな影響をあたえた。

しかも、父ウィンフィールドは、何冊かの魔道書を所有しており、その中には『ネクロノミコン』の関連図書だとされる、『キタービ・マアニ・アル＝ナフス』という危険文書が含まれていたという。

「クトゥルー神話」の生みの親

ラヴクラフトはこれらの魔道書と父親の異常な言動に触れたことにより、オカルトに反発。科学や、天文学、人文学に興味を向け、16歳から天文学の記事を新聞に連載する早熟ぶりだった。しかし、一方で神経症の発作を起こすようになり、大学進学を断念。1914年からは文学を志し、1917年にホラー小説「ダゴン」を発表する。オカルトに背を向けたにもかかわらず、ホラーに興味が向いてしまったのは皮肉である。

以降、ホラー雑誌「ウィアード・テールズ」に、超古代に地球に到来し、現存の人類以前の知的生物などが崇拝していた「邪神」たちについてのホラー小説、あるいは「ドリームランド」（夢の国）と呼ばれる架空の国についての幻想小説などを寄稿するようになる。

また、ラヴクラフトは有色人種が大キライで、白人が有色人種との混血によって退化していくという妄想に憑かれていた。

彼の作品の多くに、異人種との混血による人間の怪物化というモチーフが使われるのはそのためである。

一方、同誌に寄稿するほかの作家の小説の添削、リライトの仕事なども手がけるようになる。

この時、彼は他人の小説の作中に、自分の小説のキャラクターである「邪神」の名や、魔道書の書名などを紛れ込ますという一種の遊びを考案。作家たちもそれを面白がって、自作にラヴクラフトの作った「邪神」を登場させたり、ラヴクラフトの小説内の事件が起きた場所を、自分の小説の舞台に採用するなどして、たがいに関連づけあっていく。自前の新たな「邪神」を考案したりする者も現れ、それをラヴクラフトが自分の小説に登場させたりするようにもなった。

このようにして、「大いなるクトゥルー」（P186参照）や、「ルルイエ」、「ネクロノミコン」といったおなじみのキャラや設定が、多くの作家に共有され、それらはいつしか「クトゥルー神話」と呼ばれるようになる。また、これらの小説を読んで作家になった人々も、自作の中に「神話」の設定を使うことを好み、さらに「神話」は増幅されていった。

だから、これらの設定を知った人間は、誰かの小説の作中に、「ミスカトニック大学」が登場すれば、「ああ、なるほど、これは〝クトゥルー神話〟なんだ」とわかるし、ホラー映画の登場人物が「テケリ・リ！　テケリ・リ！」という謎の声を聞いたとすれば、「ええっ、この映画って〝クトゥルーもの〟なワケ！」と驚くようになるというワケだ。

ちなみに、「ミスカトニック大学」は「クトゥルー神話」でおなじみの学校。ここの図書館には『ネクロノミコン』のラテン語版、『妖蛆（ようしゅ）の秘密』の初版本、『ルルイエ異本』のオリジナルなど、魔道書が多数保管されているとされ、「テケリ・リ」（Tekeli-li）は「ショゴス」という怪物の鳴き声として、設定が浸透しているものだ。

「クトゥルー神話」の基本設定と体系化

ラヴクラフトは1937年に腸ガンで亡くなった。享年46歳。生前に出版された本はなく、作品は散逸した。しかし、ラヴクラフトの一番弟子で熱心な「信者」でもあるホラー作家のオーガスト・ダーレスが、師匠の本を世に出したいというだけの理由で、「アーカム・ハウス」という出版社を設立（「アーカム」はラヴクラフトの小説によく出てくる場所。「ミスカトニック大学」もここにある）、『アウトサイダーとその他の物語』を出版する。この時には誰からも注目されることはなかったが、彼と同時代の作家仲間や弟子たち（彼らを「ラヴクラフト・スクール」と呼ぶ）が活躍するようになるにつれて、評価されるようになったのだ。

さらにダーレスは師匠をはじめとする作家たちが好き勝手に使っていた設定を整理し、「クトゥルー神話」を体系づけた。裏設定なども加え、「神話」をわかりやすくした。つまり、現在流布する「クトゥルー神話」の実際の生みの親はダーレスなのだ。だが、彼の神々の対立構

ラヴクラフトの墓。彼が没した際、一族の墓碑に名前が記載されたものの彼自身の墓碑は作られなかったため、熱心なファンが資金を集めて墓石を購入した。

造や、「4大元素の属性」に分類するなどの操作は、熱心なラヴクラフトのファンからは評判が悪い。

しかしながら、ラヴクラフトの作品は出来不出来が激しく、しかも、本人が「美文調」を気取っているのだが、実力がともなわないため、非常に読みづらい。「邪神」たちについても、仄めかされるだけということも多い。なので、ダーレスが「神話」を体系化しなかったら、現在の「クトゥルー神話」の隆盛はありえなかったと思われる。

「クトゥルー神話」の基本設定はこうだ。超古代に外宇宙からやってきた「外なる神」や「旧支配者」と呼ばれる「邪神」たちが、地球を支配していたが、その宗教は生贄を使用する淫祀邪教だった。だが、地球に固有の「旧神」たちとの戦争に敗北して、異次元や、外宇宙の惑星、また、沈没した大陸の地下などに封印されてしまった。しかし、彼らはいつか復活する機会を狙っており、その崇拝者たちは虎視眈々とその機会をうかがい暗躍している――というものだ。

また、超古代に栄えた「古（いにしえ）のもの」や、前述の「ショゴス」というモンスターを創り出した「イスの偉大なる種族」などの人類以外の知的生物の歴史、冥王星に基地を持つ「ユゴスよりのもの」という侵略宇宙人の陰謀といった、細かい設定が錯綜している。

こういった「言葉の響き」に魅力を感じ、興味を抱いた読者たちだけが、「クトゥルー神話」に引きずり込まれる。

「クトゥルー神話」の実際の生みの親といわれるオーガスト・ダーレス。だが、ラヴクラフト信者からは評判が悪い。

これらは作中で説明されないことが多く、複数の作品を読まないとわからないようになっている（読んでも完全に解明できないことも多い）。そのため、「クトゥルー神話」に使われる「設定集」や、固有名詞をまとめた「事典」は多数出版されているし、需要も増加している。

それは「クトゥルー神話」が「小説」だけの存在ではなく、さまざま「映画」「マンガ」「アニメ」「ゲーム」などで設定、または裏設定で使われることが多くなったためだ。この兆候は、前述のように弟子のオーガスト・ダーレスが、「神話」を体系化したことにより、設定がデータ化しやすかったことに大きな原因がある。だから、メディアミックスが生じやすくなったのだ。

ゲームの世界にも進出したクトゥルーワールド

日本でも１９７３年に創刊された雑誌「幻想と怪奇」が、第４号で「クトゥルー神話特集」を組んだのを皮切りに多数の紹介がなされた。この類の特集雑誌では、１９８７年に「幻想文学」誌の別冊「クトゥルー倶楽部」（１９９４年に増補改訂版「ラヴクラフト・シンドローム」）という金字塔が登場している。この本をベースにして、現在では『クトゥルー神話事典第3版』に結実している。

一方、１９８１年にはアメリカのゲームメーカー、ケイオシアム社が「ＴＲＰＧ」（テーブルトーク・ロール・プレイング・ゲーム）のシステムのルールブック、「クトゥルフ神話ＴＲＰＧ」を発表している（邦訳版は１９８６年）。このルールブックの登場で、さらに「神話」の設定化が進められた（ゲーム系では「クトゥルフ」の表記が主流）。ちなみに、「ＴＲＰＧ」

は、現在の「RPG」の元祖で、実際にプレイヤーが集まって、キャラになりきり、シナリオにしたがってゲームをするというもの。「対話型RPG」などとも呼ばれる。これがパソコンなどに移植され、今ではネットでプレイされるが、それでも「TRPG」は根強い人気がある。

この「クトゥルー」系のゲームには、他のゲームにない特有のルールがあり、それが人気の秘密のひとつ。それは、ゲーム内のキャラクターが怪異に遭遇したり、魔道書を読んでしまったりした場合に、「正気度」が失われていくばかりか、その都度、後遺症まで指定されてしまう点である。もちろん、「旧支配者」の出現した身体の一部を見ただけで(そのときのサイコロの出目にもよるが)、たいてい発狂してしまう。

クトゥルー・TRPGゲームの深遠なる世界

この種のゲームはかなり紹介されているので、ここでは、いくつか、カード・ゲームをご紹介しよう。「クトゥルフ・ホラー」(ホビーステーショントムボーイ)は、RPGをカード・システム化したもので、邪神の復活を防ぐか、さもなければ、奇怪な事件をいくつ解決したかで勝利者が決まるというルール。「邪神カード」や「奇怪な事件カード」「古代の書カード」などを使ってプレイする。プレイヤーはポイントを失うにつれ、発狂するというRPGのルールも導入されている。

「ケテリ・リ」(Sato Bros.)は4つの属性につき12枚のカードでプレイするゲーム。プレイヤーたちはおたがいの手持ちのカードを出して、カードに表記されているポイントを相手のポイントからマイナスしていく。なので、「アザトース」(マイナ

『Tekeli-li』（発売元：Sato Bros.）は4つの属性につき12枚、合計48枚のカードでプレイする。「邪神」たちから逃れることができるか？　それとも発狂してしまうのか？

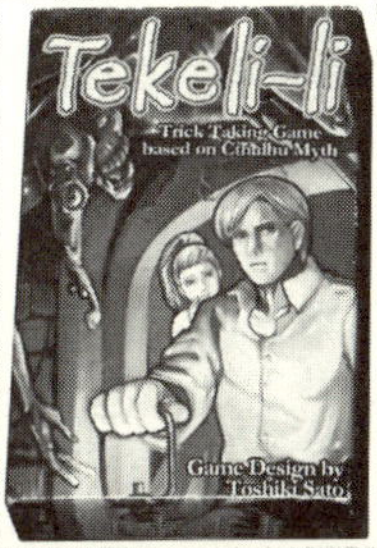

『クトゥルフ神話ＴＲＰＧ』（出版元：エンタープレイン／発売日：2004年９月10日）。ケイオシアム社の『クトゥルフの呼び声』シリーズ第６弾の翻訳版。

『マンチキン・クトゥルー』（スティーヴ・ジャクソン・ゲーム）。「邪神」を倒して自分のレベルを上げ、勝利を目指せ。イラストはJohn Kovalic。

『クトゥルー倶楽部』（出版元：幻想文学出版局／発売日：1987年５月10日）と『ラヴクラフト・シンドローム』（出版元：アトリエＯＣＴＡ／発売日：1994年４月15日）。『ラヴクラフト・シンドローム』には俳優の佐野史郎も登場している。

海外のパロディ作品「となりの"クツル"」には、もののけ馴れした草壁姉妹もビックリ。

こちらも海外のパロディ作品。「Hello Kitty!」ならぬ「Hello Cthulu!」。

『ブルーベルベット・クトゥルー・プラッシュドール』（発売元：トイヴォウルト）。恐ろしいクトゥルーも、ぬいぐるみになればカワイイもの。

ス240点）などが出ると、敵のプレイヤーは一気にポイントを失うことになる。

「マンチキン・クトゥルー」（スティーヴ・ジャクソン・ゲーム）は、人気ゲーム・デザイナー、スティーヴ・ジャクソンの人気シリーズ「マンチキン」の最新作。168枚ものキャラクター・カードや、呪いカードを使用するゲームで、マンガっぽいかわいいイラストなのが特徴。「H・P・ラヴクラフト」が「H・P・マンチクラフト」に、「グレート・オールド・ワン」が「グレープ・オールド・ワン」（偉大なブドウのもの）などダジャレでキャラクター化されているので笑える。

「邪神」に侵略された特撮、アニメ、ゲーム

その後の経緯はみなさん、ご存知のとおり。

「神話」を知るものたちは、数年前に『ウルトラマン・ティガ』の最終3話で、太平洋から超古代都市「ルルイエ」が浮上し、暗黒の「邪神」ガタノゾアが復活。その配下である怪獣「ゾイガー」の大群が出現する――という展開に驚愕することになった。

『デジモン・アドベンチャー』というアニメには、「ダゴモン」と呼ばれる海のデジモンが登場し、ダゴモンの出現するビーチの人々が半魚人になってしまう。

アメリカでは「邪神、ゲットだぜ！」的な、『ポケトゥルー』というゲームが出現。我々の世界はどんどん、「邪神」たちに侵略されているのだ！

TRPGゲーム『Pokethulhu』（制作：S. John Ross、John Kovalic／発売：2001年4月）。

第4章
クトゥルーFile

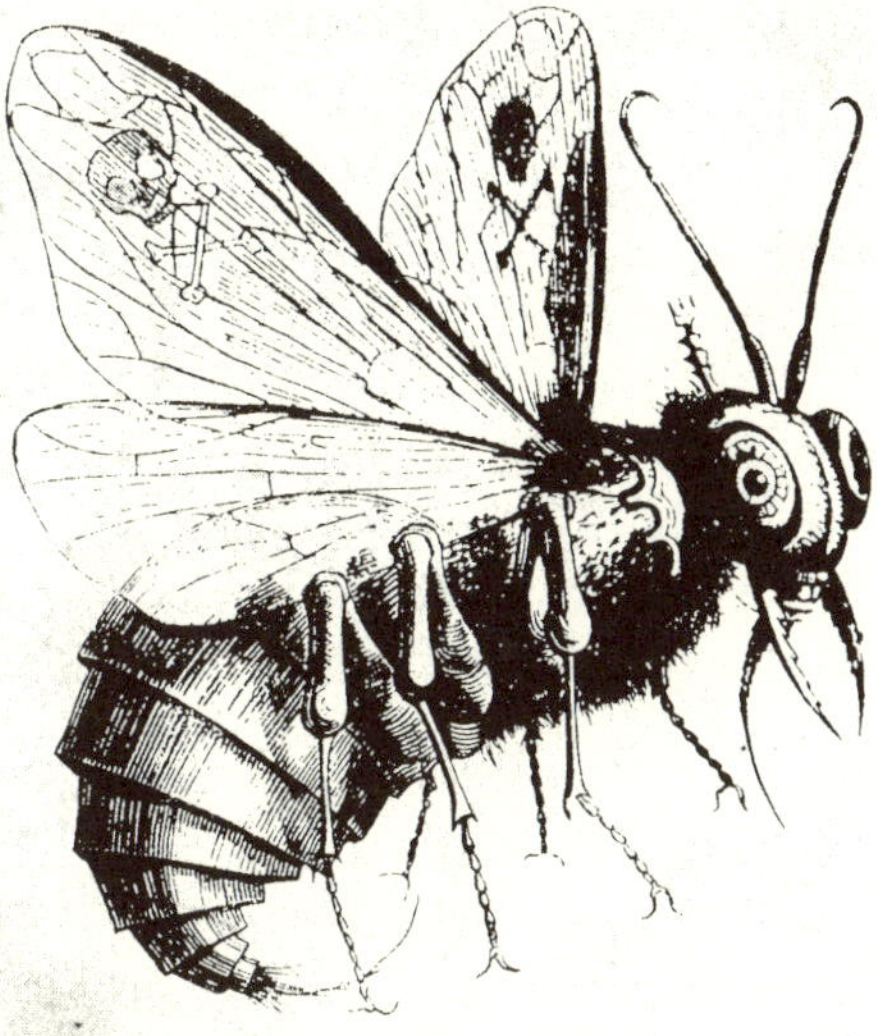

大いなる大邪神

クトゥルー

Cthulhu

外宇宙から現れ、地球の「支配者」を倒し、ムー大陸を支配

「クトゥルフ」（Cthulhu）とも発音される。

多数の「落とし子」（スポーン）と、忠実な僕である「父なるダゴン」と「母なるハイドラ」、そして、この2柱の神を信仰する水陸両性人種「深きものども」（ディープ・ワンズ。いわゆる、インスマス人）を従える、「大いなるクトゥルー」は、「旧支配者」（グレート・オールド・ワン）を代表する邪神である。

クトゥルーは巨大な怪物で、タコかイカに似た頭部を持ち、口の部分には無数の触手が生えている。身体はブヨブヨし、肥満したドラゴンのようで、両手足には鋭い鉤爪が生えており、二足歩行するとされる。背中には退化したコウモリのような翼がある。

だが、この姿は本人が好んでいるだけで、その実態は多くの「旧支配者」たちがそうであるように、どんな形にもなれる不定形のグニャグニャ、ドロドロしたモノであるという。

クトゥルーの「落とし子」たちにはクトゥルーの小型版であるものと、大ダコにしか見えないものの2種類がある。

クトゥルーは、太古に外宇宙（ゾス星系）から地球に飛来し、当時、地球を支配していた「古（いにしえ）のもの」（オールド・ワンズ）との戦争に勝利して、ムー大陸を支配した。

ムーの中心地に暗黒都市「ルルイエ」を建造して、内部に潜み、ムー大陸の民から崇拝されたばかりか、その邪

眠りについてなお、地球すべてに悪の影響をあたえ続ける邪神

悪な超能力で地球全体に悪の影響力を及ぼした。

ムー大陸の沈没により、クトゥルーとその眷属たちはルルイエごと海中に沈み、限りなく死に近い眠りに囚われてしまったが、クトゥルーの見る悪夢が邪悪な波動となり、それは地球規模で広がって、人間の脳波に影響し、世界各地で発狂者や、連続殺人鬼などを作り出す。

また、ときおり、浅く目を醒ます際には、一時的にルルイエは浮上し、それをきっかけに天変地異を引き起こす。ルルイエは現在、イースター島近海の海底にあるとされている。

クトゥルーの信者たちはいつかルルイエが海上に浮上し、クトゥルーが完全に復活して地球を支配し、殺戮と暗黒の世界を作り出すことを夢見ているばかりか、その目的のために手段を選ばない。

クトゥルー崇拝者の代表的なカルト教団には「クトゥルー教団」（実在する）、「ダゴン秘密教団」などがあり、世界規模で崇拝者たちが存在する。

「旧支配者」たちは「火」「水」「土」「風」の4つの「属性」に分類される。通常、クトゥルーは「水」の属性だとされるが、最近では、クトゥルーは水中に封印されていることから、「水」は彼の弱点なのではないかという説が有力だ。

クトゥルーは、「風」の属性を持つ「旧支配者」、ハスター（ハストゥール）と敵対しているが、彼らは双子の兄弟であるともいう。

Novel

『魔道書ネクロノミコン〔完全版〕』(編者:ジョージ・ヘイ/出版元:学研/発行:2007年)

暗号文書をコンピュータによって徹底解析

「クトゥルー神話」でもっとも重要とされる魔道書『ネクロノミコン』の、ジョン・ディーによる英訳「断章」をメインに、コリン・ウィルソンの「序文」をはじめ、「ネクロノミコン注釈」などの学術論文で構成された本。その後、発見された「ルルイエ異本」の「断章」も含む「完全版」である。

Novel

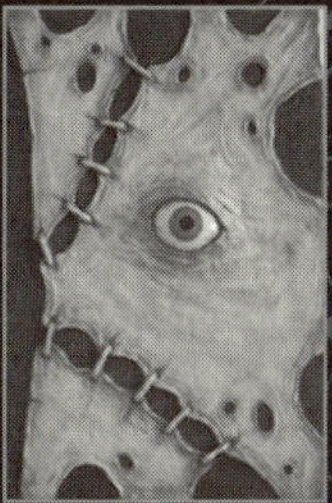

『ルルイエ異本』(著者:不明/初出地域:不明/発行:紀元前300年頃)〈写真の真偽は不明〉

ナポレオンも所有した謎だらけの魔道書

人間の皮で装丁された、中国語で書かれた魔道書。オカルト研究家のエイモス・タトルが、謎の中国人から購入した。内容はクトゥルーや、ヨグ=ソトース、イタクァなどと、その召喚方法などだといわれている。のちに魔術師プラーティにより、イタリア語訳され、ナポレオンが所有したこともある。

Great Demon King File 76

門にして鍵なる者

ヨグ＝ソトース

Yog-Sothoth

あらゆる時間と空間に通じる者
クトゥルー神たちの「鍵」と「門」

「ヨグ＝ソトホート」とも呼ばれる「外なる神」のひとり。アザトースに次ぐ力を持つ邪神。「ひとつにして全て、全てにしてひとつのもの」「戸口に潜むもの」であり、過去・現在・未来のすべての次元に同時に存在するという。

その姿は七色に輝き、常に泡立つ、さまざまな大きさの球体の集まりに見え、その隙間から触手が出たり引っ込んだりしている。

実はこの膨張・収縮を繰り返す球体群の中に本体が隠されているともいわれる。

宇宙のどこかにある、次元の亀裂の深淵に潜んでおり、「旧支配者」たちの多くが幽閉されている外宇宙に通じる門の鍵を所有しているとも、彼自身が門でもあり、鍵を兼ねているともいう。

召喚は比較的容易で、石製の塔や、環状列石で、知性のある生物を生贄に捧げ、特定の呪文を詠唱すればよい。

特に8月1日（収穫祭）に儀式を行なうといい。ヨグ＝ソトースは魔術師や錬金術師を守護しており、召喚に応じて、別次元に行ける能力をあたえたり、異次元の光景を映し出すスクリーンのような魔道具をくれるのである。

しかし、最終的にはヨグ＝ソトースの目的は人間の精神力や思考力を根こそぎ吸い取ったり、その肉体を食うことなので、喜んでばかりはいられないだろう。

また、召喚の手順を失敗したり、呪文をミスると、出現の際に、その周囲一帯を爆破して、壊滅させる。

ヨグ＝ソトースは強い性欲

大いなる双子の邪神、「クトゥルー」と「ハスター」の父神

でも知られ、交わった相手はかならず妊娠させ、子供を作る。魔道書のひとつ『無名祭祀書』の記述によれば、ヨグ＝ソトースはクトゥルーとハスターの双子の兄弟の父親だとされている。

また、「旧支配者」のひとりである女邪神「シュブ＝ニグラス」と交わって、ヘビの神・ナグとイェブの双子兄弟を産ませたともいう。単性生殖でも、「クグサクスクルス」という神を生み出し、この血縁に「旧支配者」のひとり「ツァトゥグァ」がいる。

ヨグ＝ソトースが妊娠させるのは同属の神々だけではない。アメリカ・マサチューセッツ州の町ダンウィッチ（ダニッチとも）に住む魔術師ウェイトリーはヨグ＝ソトースを召喚し、実娘を差し出した。ヨグ＝ソトースは彼女と交わり妊娠させ、双子の兄弟を出産させるのだ。

より人間に近い弟ウィルバーは邪悪な魔術師となったが、犬に噛み殺されて、その下半身が邪神の遺伝子を受け継いだ異常な奇形である正体を現した。

一方、邪神の遺伝子をより強く受け継いだ兄は透明な巨大モンスターとなって、ダンウィッチに壊滅的な被害をもたらした。

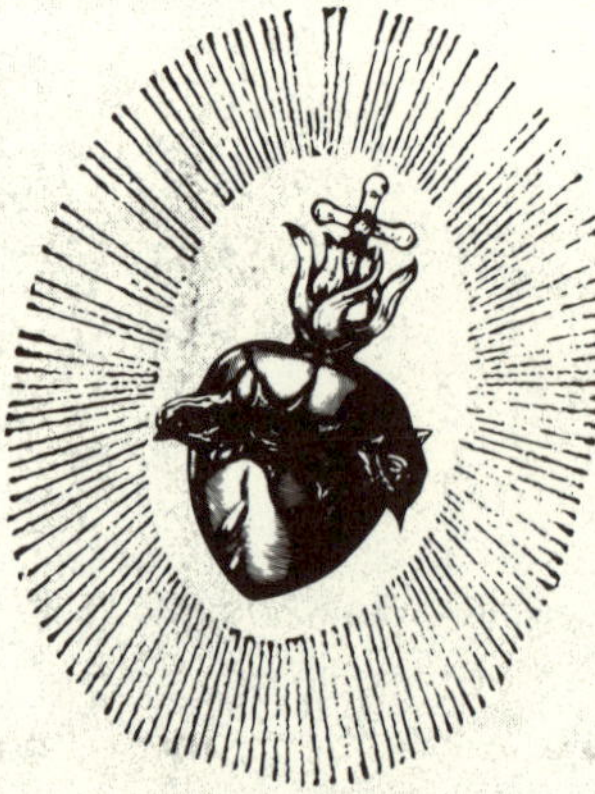

Novel

『無名祭祀書』（著者：フリードリヒ・ヴィルヘルム・フォン・ユンツト／初出地域：デュッセルドルフ／発行：1839年）〈写真の真偽は不明〉

出版の翌年、著者は鍵のかかった部屋で怪死

『黒い本』とも呼ばれる魔道書。19世紀のオカルト研究家、フォン・ユンツトによって書かれ、その内容はガタノソアをはじめとする「旧支配者」の信仰や、崇拝の儀式、さまざまな伝承などについてである。1839年に初版が出版され、それは鉄の枠で縁取られた黒い表紙の本だったという。

Novel

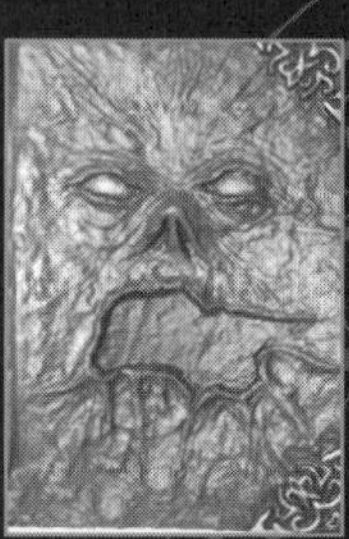

『ネクロノミコン　死霊秘法』（著者：アブドゥル・アルハサード／初出地域：ダマスカス／発行：730年頃）〈写真の真偽は不明〉

時空を超えて夜の魔物の声を体感せよ！

魔術師アルハザードによって、8世紀に書かれた魔道書『キタブ・アル・アジフ』。「旧支配者」や「外なる神」、その信仰と儀式について、はじめて体系的にまとめられた書物で、ギリシャ語訳されて以来、『ネクロノミコン』と呼ばれるようになった。読んだ人間はたいてい発狂する戦慄の書。

Great Demon King File 77

星間宇宙を渡る者

ハスター

Hastur

「大いなるクトゥルー」の兄弟神しかし、似ておらず対立している

「ハストゥール」の名でも知られる「旧支配者」のひとり。「名状しがたきもの」「邪悪の皇太子」などとも呼ばれる。

ヨグ=ソトースから生まれた双子の兄弟のひとりで、もちろんその片割れは「大いなるクトゥルー」である。

といっても、両者はまったく似ていない。共通するのは、多数の触手を持つというところだけだ。

ハスターもさまざまな姿で出現するが、多数の触手に覆われた巨大なイカのようなモノであったり、触手だらけのトカゲであったりする。

おそらく、クトゥルー同様、その正体はドロドロの不定形な肉塊であろう。

通常は牡牛座のアルデバラン星の近くにある暗黒の星に封じ込められており、自由に行動できない状態にある。とはいえ、シュブ=ニグラスを妻として、何度も彼女と交わり、多数の「黒い子山羊」たちを産み出させたりもしているから侮れない。

また、精神のみを宇宙規模で拡散させ、目標の相手に憑依する超能力も持つ。ハスターに精神寄生された人間は彼の思いのままに操られる。この辺りは、コリン・ウィルソンの『精神寄生体』や、『ハスターの帰還』に詳しい。

双子の兄弟「大いなるクトゥルー」とは犬猿の仲であり、「神々の使者」ナイアルラトホテップとも対立している。「風」の属性を持つ「旧支配者」たちの主であり、「火」の属性を持つ「旧支配者」クトゥグァとは同盟関係にあるという。

宇宙人たちにも信者がいる、ハスターを祖とするカルト教団

ハスターを崇拝する者たちは地球にも多く、超古代文明「ハイパーボリア」はもちろん、現在にいたるまで、崇拝者は絶えることがない。日本にもハスターを崇拝するカルトが存在している。

地球でアルデバランが見える夜、V字に配置した9個の「黒い石」を使った儀式によって、ハスターを召喚できる。

ハスターを召喚した者には「ハスターの風」と呼ばれる術があたえられ、これを使うと発生する強力なカマイタチ現象によって、敵対する者を切り刻むことができる。

一方、ハスターの呪いを受けた者は、全身の皮膚にウロコが発生し、手足の骨がグニャグニャに軟らかくなり、怪物化してしまう。

外宇宙からやってきて、冥王星に基地を持ち、人間界での邪悪な陰謀を画策する「ミ＝ゴ」と呼ばれる菌類宇宙人や、恒星間を飛行できる「ビヤーキー」という宇宙生物もハスターを崇拝するカルト宗教を信じており、彼の復活のために暗躍している。「ビヤーキー」は魔道書『セラエノ断章』所収の呪文で召喚することができる。

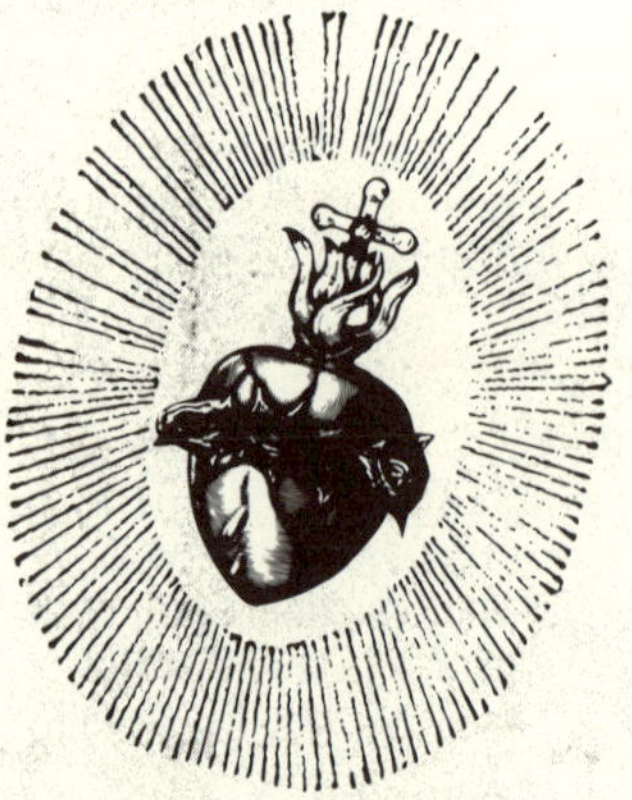

Novel

石板を研究した編者はその後に謎の失踪

『セラエノ断章』（訳者：ラバン・シュリュズベリィ／初出地域：セラエノ／発行：不明）〈写真の真偽は不明〉

もとは牡牛座のプレアデス星団にあるセラエノという惑星に存在する「旧支配者」たちの図書館に所蔵されていた石板に刻まれた文書。クトゥグァの召喚方法や、「旧支配者」や「外なる神」の弱点となる「旧き印」についての記述などを含んでいる。その「要約」が地球上で書物化されているといわれる。

Movie

ＨＰＬ代表作を白黒サイレントで映像化

『クトゥルーの呼び声』（監督：ダミアン・ヘファーナン／製作国：アメリカ／製作年：1996年）

最近になってアメリカのインディペンデントで製作された、ほとんどシロウトが撮ったような小作品。同タイトルの原作はラヴクラフトの代表作であり、「大いなるクトゥルー」が初登場する重要な作品である。「ルルイエ」から出現するクトゥルーはオモチャみたいだが、動くクトゥルーは貴重。

Great Demon King File 78

「深きもの」の始祖

ダゴンとハイドラ

Dagon & Hydra

「大いなるクトゥルー」の腹心にして、「深きもの」の父母

「父なるダゴン」と「母なるハイドラ」はすべての「深きもの」（ディープ・ワンズ）の生みの親であり、「深きもの」たちから崇拝される海神である。そして、「大いなるクトゥルー」の忠実な僕でもある。

一説にはクトゥルーの精神と肉体の封印されなかった一部分がダゴンとハイドラになったともいう。

ダゴンとハイドラは体長10メートル以上に成長した巨大な「深きもの」で、あちこちの海域に拠点を持ち、数多くの「深きもの」たちとカルト組織「ダゴン秘密教団」を率いている。

彼らの目的は「ルルイエ」を浮上させ、「大いなるクトゥルー」とその眷属たちを復活させることである。

『旧約聖書』にもダゴンについて「ペリシテ人が崇拝する半人半魚の海の神である」との記述があるほど、昔から人間界でも知られており、シュメール人が崇拝した、半人半魚の海神オアンネスもダゴンと同じものだとされている。

彼らの崇拝するダゴンの姿は、上半身が人間で下半身が魚、あるいはその逆の半魚人の姿でも知られていた。

ダゴンとハイドラを崇拝する「深きもの」は海凄の水陸両性人種で、一種の半魚人だと思えばよい。魚とカエルと人間を混ぜたような姿で、二足歩行するが、水中の方が自由に活動できる。

太古にダゴンとハイドラから産み出され、あらゆる海域に海底都市を築いて、繁殖を続けている。

ダゴンとハイドラの子供にして崇拝者、「深きもの」たち

彼らは不老不死で、殺されたりしない限り、生き続け、成長していく。

各地の漁港町の中には、「深きもの」と取り引きし、ダゴンとハイドラを崇拝することと引き換えに、大漁にしてもらう者たちが現れた。

その結果、町は栄え、住民は非常に裕福になったが、一方で「深きもの」たちと交わり、混血児を増やすことが義務づけられた。

混血児たちはしばらくは人間と変わらないが、成長するにつれ、「深きもの」になっていく。そして、最後は海に帰り、「深きもの」たちと合流するのである。

かつて、アメリカ・マサチューセッツ州のインスマスという漁港町は町ぐるみでダゴンの崇拝者となり、混血児ばかりが住んでいた。このため、半魚人化した者を俗に「インスマス人」と呼ぶことが多い。

この町における「深きもの」

による汚染はアメリカ政府の知るところとなって、1928年、軍が派遣され、住民は一掃されてしまった。しかし、多くの住民が海に逃れたという。

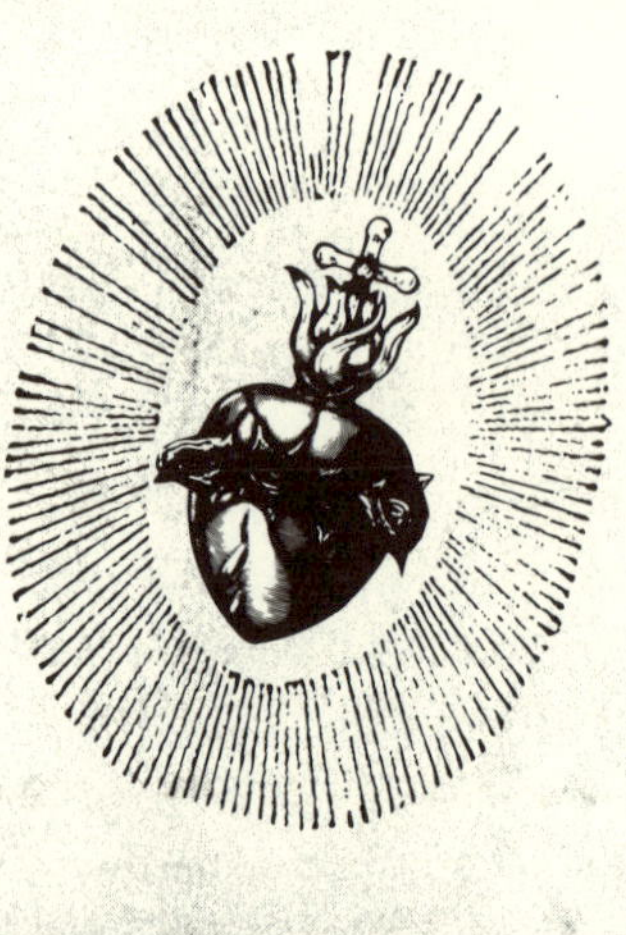

Novel

『ネクロノミコン　アルハザードの放浪』（著者：ドナルド・タイスン／出版元：学研／発行：2006年）

狂詩人が幻視した邪神世界の全貌が明らかに！

魔術師で作家でもある著者が、アブドゥル・アルハザード著の『ネクロノミコン』を再現した労作。さまざまな「神話」からの引用によって、もっとも有名な魔道書を再現したばかりか、アルハザードの伝記にもなっているという、この著者の離れ業に、世の「クトゥルー神話ファン」は、驚愕の声を上げた。

Movie

『ネクロノミカン』（監督：ブライアン・ユズナ、クリストフ・ガンズ、金子修介／製作国：アメリカ／製作年：1993年）

恐怖の物語を日・英・仏の監督が映像化

ラヴクラフトそっくりの俳優が（特殊メイクだと思うが）ラヴクラフト本人に扮して、タモリの「世にも奇妙な物語」的に話が展開される。4つの「クトゥルー神話」が短篇映画となって収録されたオムニバスもの。どれもよく出来ているが、「旧支配者」の出現といった大きな話は使用されていない。

Great Demon King File 79

生ける炎の神

クトゥグァ

Cthugha

地球古来の「旧き神」に敗れ、精神が崩壊した「火」の邪神

「フサッグァ」と発音する場合もある。生命と知性を持つ超高温の炎の塊である「旧支配者」のひとりで、「火」の属性を持つ邪神の主。

太陽とも比較される巨大な火球の中から、触手が出たり引っ込んだりしているともいうが、誰もクトゥグァを直視した者はいない。至近距離で、太陽を裸眼で見るようなものだからだ。人間は瞬間的に失明してしまう。

「名状しがたいもの」ハスターの盟友であり、ハスター同様、「神々の使者」ナイアルラトホテップと敵対している。「大いなるクトゥルー」との関係も良好ではない。

クトゥグァは地球にもっとも早く出現した「旧支配者」でもある。その当時、地球は誕生したばかりの若い星で、彼と同じように燃え盛っている状態だった。

その後、地球が冷めてくるのに応じて、クトゥグァと、その「落とし子」たちは地下に潜んでいったと思われる。

クトゥグァはかつて、地球に固有の「旧き神」たちとの過酷な戦争により、敗北した。以来、彼は完治することのない狂気に陥ったとされている。

クトゥグァはさまざまなカルト教団によって崇拝されていた。モロクと呼ばれる悪魔と同一視されたこともある。「拝火教」として知られるゾロアスター教とも関係があるともいわれる。

しかし、クトゥグァの信仰は衰退し、地球にはほとんど崇拝者はいなくなったという。現在は「魚座」の口の部

クトゥグァとナイアルラトホテップの「ンガイの森」の戦い

分にある、1万度以上の炎に包まれた星、フォーマルハウトに幽閉されている。

彼を召喚するには、地球でいちばんフォーマルハウトが地平線上で輝く夜に召喚呪文を唱えればよいが、召喚する者がナイアルラトホテップの脅威に晒されている場合には、簡単に地球上に身体の一部を出現させて、召喚者を守ってくれる。

1940年にアメリカ・ウィスコンシン州にあるリック湖近くにあったナイアルラトホテップの拠点のひとつ、「ンガイの森」で、ナイアルラトホテップの脅威に晒された探求者たちに召喚されたクトゥグァは、この森一帯を瞬時に焼き尽くし、この地からナイアルラトホテップの影響力を根絶やしにしたことがある。ナイアルラトホテップは何の抵抗もせずに撤退してしまった。彼はクトゥグァが苦手らしい。

クトゥグァには「炎の精」（ファイヤー・ヴァンパイア）と呼ばれる、知性を持つプラズマ・エネルギーの球体たちが付き従っている。これらを個別に召喚することもできるが、地球上に出現した場合、その周囲を瞬時に燃焼させるので注意が必要である。

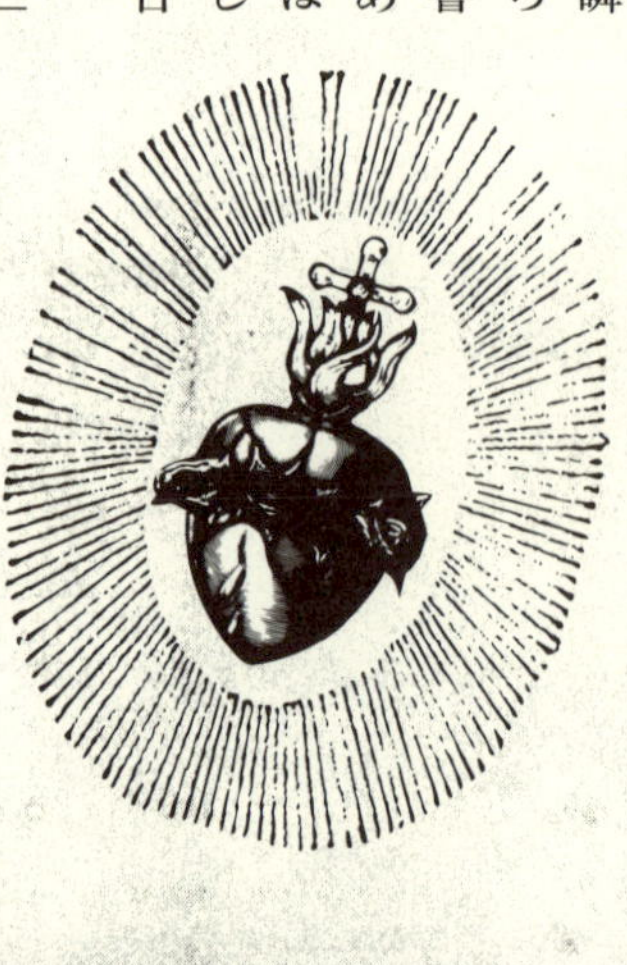

Novel

あなたは夜、うしろを振り向けなくなる

『真ク・リトル・リトル神話体系』全11巻（出版元：国書刊行会／発行：1982～1984年）

「ク・リトル・リトル」とは、荒俣宏が提唱している「クトゥルー」の呼称。この全集は当時、同社の編集者だった、現ホラー作家の朝松健が企画・編集したアンソロジーで、「アーカムハウス」系のホラー作家の「神話」作品から、スティーヴン・キングなどまで非常に幅広く収録している。

Movie

ヴァンゲリスらしからぬ怪し気な旋律

『ドラゴン』（アーティスト名：ヴァンゲリス／発表：1978年）

イエスのヴァーカリスト、ジョン・アンダーソンとのコラボでも知られる、ギリシャのプログレ・キーボーディストのアルバム。タイトルはそっけないが、ジャケットには、タコの頭に触手、ドラゴンのボディのクトゥルーのイラスト。内容も「神話」を組み合わせたコンセプト・アルバムになっている。

Great Demon King File 80

ヤディス＝ゴー山の邪神

ガタノソア

Ghatanothoa

見たものを石に変えてしまう クトゥルー神界の「メデューサ」

「ガタノゾーア」「ガタノトア」とも呼ばれる「旧支配者」。外宇宙より、古代ムー大陸に飛来し、ヤディス＝ゴー山の地下に潜んだ。ムー大陸の住人たちから崇拝され、彼らはガタノソアに人間の生贄を捧げたという。

多くの触手を持つ肉塊で、緑色に輝く眼が特徴的だとされるが、ガタノソアを目撃した者は石化してしまうというので、本当のことは不明である。やはり、ムー大陸で崇拝されていた「大いなるクトゥルー」とは盟友であり、シュブ＝ニグラスとは敵対している。

魔道書『無名祭祀書』によれば、シュブ＝ニグラスを崇拝する神官のひとり、トヨグなる人物がガタノソアを見ても石化しない魔力で守られた書物を携えて、ヤディス＝ゴー山に行き、自らのご主人様のためにガタノソアを殺そうとした。

これを知ったガタノソアの神官たちは書物をニセモノと取り替えたため、トヨグは瞬時に石像になってしまったと伝えられる。

ガタノソア信仰はムーのポピュラーな宗教となったが、ムー大陸の沈没とともに滅びてしまった。もちろん、ガタノソアも水没し、以来、太平洋のどこかの海底に封じ込められたままである。

しかし、現在でも環太平洋から、アフリカ、中国、メキシコなどで、ガタノソアのカルト集団が活動しているという。そして、いつか「ルルイエ」が太平洋上に浮上する時には、「大いなるクトゥルー」

人間の精神を操る、ガタノソアの息子「ツァール」と「ロイガー」

ともに「ガタノソア」も復活するはずだと信じているのだ。なので、彼の崇拝者たちはクトゥルーのカルトのメンバーたちと協力関係にある。

　ガタノソアにはツァールとロイガーという双子の息子たちがおり、彼らはガタノソアに翼をつけて、それを小型にしたような姿をしている。

　兄弟はミャンマー付近の地下に封じ込められているが、一定の条件が整った時に一時的に活動することができる。

　また、強靭な精神力による一種のテレパシーで特定の人間に憑依し、自由に操る。この兄弟は「星を歩むもの結社」というカルト集団によって崇拝されている。

　ツァールとロイガーは、彼らの姿を小さくした「ガタノソアの落とし子」と呼ばれる「ロイガー族」を統括しているという。

　さらに、この兄弟のために奉仕する「飛行するポリプ」という宇宙生物が暗躍している。彼らは通常は透明だが、姿を現すこともできる。

　彼らは6億年前に外宇宙から襲来し、地球を侵略しようとしたが、次第に衰退。わずかな生き残りが、ツァールとロイガーに仕えている。

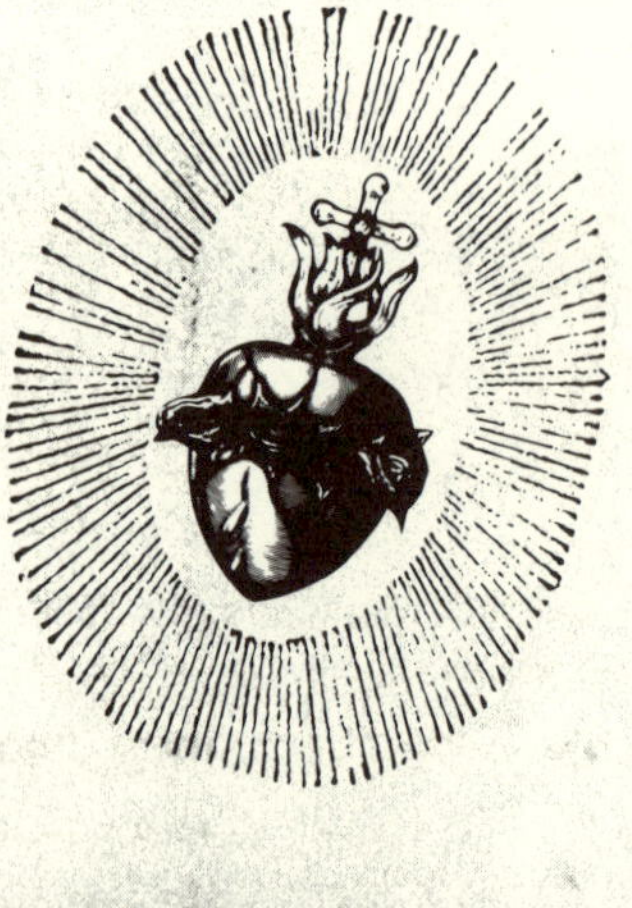

Novel

『クトゥルー』全13巻（出版元：青心社／発行：1988～2005年）

資料も多数掲載した暗黒神話大系シリーズ

御大ラヴクラフトはもちろん、その弟子のオーガスト・ダーレスや、ロバート・ブロック、C・A・スミス、ロバート・E・ハワードなど、多数の作家が「クトゥルー神話」の設定と世界観を使用して書いた作品群を、東京創元社版の『ラヴクラフト全集』の編訳者として有名な大瀧啓裕が集成した労作。

Novel

『屍食教典儀』（著者：ポール・アンリ・ダレット／初出地域：フランス／発行：1702年頃）〈写真の真偽は不明〉

1906年から人の目に触れていない禁断の書

16世紀のフランスの貴族、ダレット伯爵がオカルト一般について書いたもの。悪魔や天使の召喚方法はもちろん、人肉嗜食、死体性愛などの異常性愛についても多くの記述がある。しかも、伯爵は人肉を食べると不老不死になると信じていたようだ。サド侯爵に強い影響をあたえた本として有名。

形なく、知られざる者

アザトース

Azathoth

何も視えず、発狂し続ける「外なる神」たちの総帥

宇宙の中心にあるとされる混沌のもっとも奥にある宮殿に住まう、「外なる神」たちの総帥。その名は「アザトート」「アザグ=トース」「アザゾース」とも発音される。「魔王」または「原初の混沌」と呼ばれるアザトースは、巨大な玉座に横たわるグニャグニャ、ドロドロした不定形の存在で、常にその身体は膨張と収縮を繰り返し、ブクブク泡立ち、流動している。

アザトースは知性と視力を持たず、しかも、発狂している。そのため、絶えず不浄にして、冒涜的なことばを口走り続けているという。

そんな彼の唯一の楽しみは音楽を聴くことだ。彼の周囲には、やはり不定形の「アザトースの従者」たちが群がり、フルートと打楽器を演奏し、ダンスを踊って、ご主人様を楽しませている。

アザトースは宮殿に幽閉されていて、自由に出入りすることはできない。魔道書『妖蛆の秘密』に載っている特定の呪文の詠唱により、アザトースの一部を一時的に召喚することができるが、非常な危険をともなう。アザトースの出現には大規模な破壊と創造が同時に発生し（小型のビッグバンのようなもの）、周囲の一帯を壊滅する恐れがあるからだ。

一説によると、火星と木星の中間にある小惑星帯は、アザトースの出現によって、惑星が爆発した破片だという。

また、アザトースを目撃すると、人間は発狂してしまう。

例外的に、エドワード・ピックマン・ダービィという詩

この世のすべては、アザトースの狂った心から産み出された

人が、夢の中でアザトースを目撃（どういう夢だ？）。その経験をもとに「アザトース」という長い詩を書いている。

同様に「アザトースの従者」を召喚することも可能だが、彼らも強力な魔力を持つ神々の一員であり、ただのミュージシャンではない。したがって、人間がコントロールするにはムリがある。

アザトースは定期的に1体の「アザトースの落とし子」を産み出すが、彼らは暴走する熱核エネルギーの塊なので、自分の身体を制御できず、すぐに自爆してしまう。まれに生き残る者がいて、3体の「落とし子」が存在するといわれる。

この宇宙はアザトースの狂った想像力によって創られたものだ。なので、結果的に地球が今のような状態であることもアザトースの意思による。我々、人類も狂った神に創られたワケである（道理で出来が悪いハズだ）。

アザトースの狂った意思は「神々の使者」ナイアルラトホテップ（ニャルラトテップ）によって代行され、世界はますます混乱し、混沌化していくのだ。

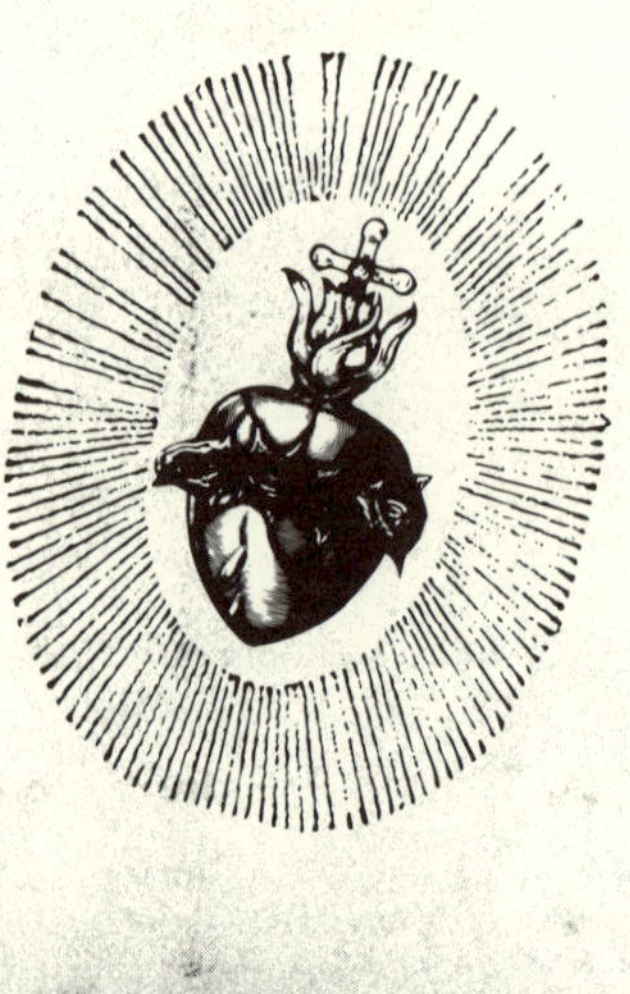

Novel

出版直後に発禁処分を受けた衝撃の書

『妖蛆の秘密』（著者：ルドウィク・プリン／初出地域：ドイツ・ケルン／発行：1542年）〈写真の真偽は不明〉

16世紀の錬金術師、ルドウィク・プリンが、異端審判で逮捕・監禁された獄中で書いた魔道書。鉄の留め金のついた頑丈な装丁の黒く分厚い書物で、古代エジプトから、アレクサンドリア、中東地域などの異端の信仰と、使い魔の召喚方法などが書かれていた。

Music

そのまんまクトゥルー好き丸出しバンド

『ネクロノミコン』（ノックス・アルカナ／発表：2004年）

シンフォニック・メタル・バンドのアルバムに、もう説明不要のタイトルがつけられている。そればかりか、収録曲も「クトゥルー」「ダゴン」「ナイアルラトホテップ」などと、まったくヒネリのない、ど真ん中の直球勝負。内容はオーケストラを使った壮大なアレンジで、音の神話を楽しむことができる。

Great Demon King File 82

黒き豊穣の女神

シュブ＝ニグラス

Shub-Niggurath

「ハスター」の妻であり、「ヨグ＝ソトース」の愛人でもある女神

「千匹の子を孕みし、森の黒山羊」こと、シュブ＝ニグラスは、「外なる神」の一員で、唯一、女性だと性別が特定されている。「シュブ＝ニグラース」、「シュブ＝ニグラート」、「シュブ＝ニググラトフ」とも発音される。

巨大な猛毒の入道雲で、そこから何本ものヤギのような蹄のある足が突き出している。そして、雲の中から、何本もの触手が出たり引っ込んだりしている。近くに人間がいる場合、この触手で捕らえて、生き血を吸う。その際、雲の一部に牙を備えた口が出現する。この口は複数あるらしい。つまり、猛毒の雲の中に本体が隠されていると考えられる。

彼女は「外なる神」のひとり、ハスターの妻だとされている。彼との間に、「黒い子山羊」と呼ばれる「落とし子」（スポーン）を多数、産みだしている。さらに、「外なる神」のナンバー2である、ヨグ＝ソトースと不倫して、ナグとイェブの双子の蛇神を産んだりもしている（ヨグ＝ソトースは、ハスターの父親だと言われている。つまり三者は親子ドンブリ状態にある!?）。

ナグとイェブはかつてはムー大陸で崇拝され、最近になっても、アメリカ大陸のあちこちにカルトが存在する。彼らはヘビの守護神であり、ヘビを大事にする者には害をなさないが、ヘビを殺したりするようなヤツは呪いでヘビ人間にしてしまう。

彼女は通常、ヤディス星という惑星の地下に幽閉されて

新月の晩、生贄を求め、「黒い子山羊」たちとともに召喚される

いるが、ヨグ＝ソトースの宮殿で目撃されたこともある（そうでなければ、彼と浮気できないハズである）。

シュブ＝ニグラスには、「ドール」と呼ばれる巨大な白いウジ虫たちが付き従っていて、彼女の身の回りの世話をしているという。

シュブ＝ニグラスは破滅した超古代文明「ハイパーボリア」や、「ムー大陸」、古代ギリシャ、エジプトなど多数の文明で、「豊穣神」として崇拝されていたとの記録がある。もちろん彼女は、生きた人間の生贄を求めた。

彼女は新月の夜に森林で生贄を捧げる儀式で召喚することができるといわれている。また、古代ケルト人たちの土着信仰でも、シュブ＝ニグラスが崇拝対象になっていたらしい。

シュブ＝ニグラスの「落とし子」である、「黒い子山羊」たちは、巨大なねじくれ、よじれあった樹木のようなモノで、全身にいくつもの唾液をたらす口がある。身体の上部には複数の触手が生え、下部からはヤギの蹄のある足が突き出している。

彼らは宇宙の各地や、地球上のシュブ＝ニグラスの拠点（鬱蒼とした森であることが多い）に出現し、彼らの母親の崇拝者たちを統括している。

また、魔道書『エイボンの書』に載っている呪文と人間の生き血により、召喚することが可能である。

Novel

『ネクロノミコン』の欠落部分を含む重要書

『エイボンの書』（著者：エイボン／初出地域：古代ハイパーボリア／発行：古代ハイパーボリア時代）〈写真の真偽は不明〉

超古代大陸「ハイパーボリア」の北方に住んでいたとされる魔術師エイボンによって、超古代語で書かれた書物。その後、9世紀にラテン語訳され、現在では各国語版が存在する。ツァトゥグァの信仰がメインの内容だが、『ネクロノミコン』の欠落箇所などを含むため、その姉妹篇だとされる。

Novel

捏造か？　大発見か？狂気の産物か？

『ヴォイニッチ写本の謎』（著者：ゲリー・ケネディ＋ロブ・チャーチル／出版元：青土社／発行：2005年）

1912年に古書店主ヴォイニッチが、ヨーロッパのどこかで発見したとされる謎の書物。手書きで、オールカラーの図版が多数含まれているこの書物は、なんと本文がすべて、謎の言語で書かれている。その真相に鋭く迫ったノンフィクション。一説には、この書物こそが『ネクロノミコン』であるともいう。

Great Demon King File 83

ンカイで眠る者

ツァトゥグァ

Tsathoggua

地球の地底界に棲まう「アザトース」の親族である「旧支配者」

「ツァソググア」とも発音する。超古代に外宇宙から太陽系に到来し、最初に土星に拠点を構えた「旧支配者」のひとり。そののち、地球に侵出してきた。

「魔王」アザトースの血縁にあたり（曾孫くらいの感じ）、実際にはアザトース同様、不定形のグニャグニャ、ドロドロの怪物だが、通常は毛皮で覆われた肥満した腹のガマガエルのような姿をしている。頭部はコウモリとカエルを混ぜた感じで、常にニヤニヤ笑いをしているという。

最初は「ンカイ」と呼ばれた超古代の地球に存在した地下世界に棲みつき、その後、超古代文明が栄えた大陸「ハイパーボリア」に移動して、その地下に潜んで、この地の住民たちの神として崇拝の対象となる。

この時期のツァトゥグァ信仰がどのようなものであったかは、当時の魔術師エイボンが書いた有名な魔道書『エイボンの書』に詳しい。当然、生きた人間を殺して捧げていたようである。

現在は衰退した、ヴァルーシアの「ヘビ人間」という爬虫類から進化した異人種もツァトゥグァを崇拝していたといわれる。

「ハイパーボリア」が氷に包まれ、滅亡したあとは、「ンカイ」に舞い戻り、そこを拠点にして、地下で栄えた「クン・ヤン」と呼ばれる世界や、北極の地下に存在した「ロマール」という王国などで神として崇拝されていた。

ツァトゥグァはほかの邪神たちよりは温厚な性格で、特

「無形の落とし子」を僕とする、空腹時以外は温和な邪神

に自分の崇拝者に対してはさまざまな知識や魔術を教え、魔道具などをあたえてくれる。

そのためか、ツァトゥグァのカルト教団は長続きすることが多く、世界規模で、現在も存続しているとされる。

彼の崇拝者たちはハロウィーンの夜や、新月の深夜に儀式を行ない、ツァトゥグァを召喚するといわれる。

だが、ツァトゥグァの機嫌がいいのは、彼が満腹の時に限られる。

彼がお腹が空いている時などに、うかつに近寄ると、見た目からは想像もつかない、驚くほどすばやい動きで捕獲されてしまう。

彼の手の平からは強力な酸が分泌されているので、身体を掴まれた人間は瞬時に焼け爛れる。そして、食われてしまうのである。

ツァトゥグァにはドロドロの黒いコールタールのような「無形の落とし子」たちが従い、ご主人様のために食べ物を確保したりしている。

彼らの使命はご主人様が空腹にならないようにすることである。

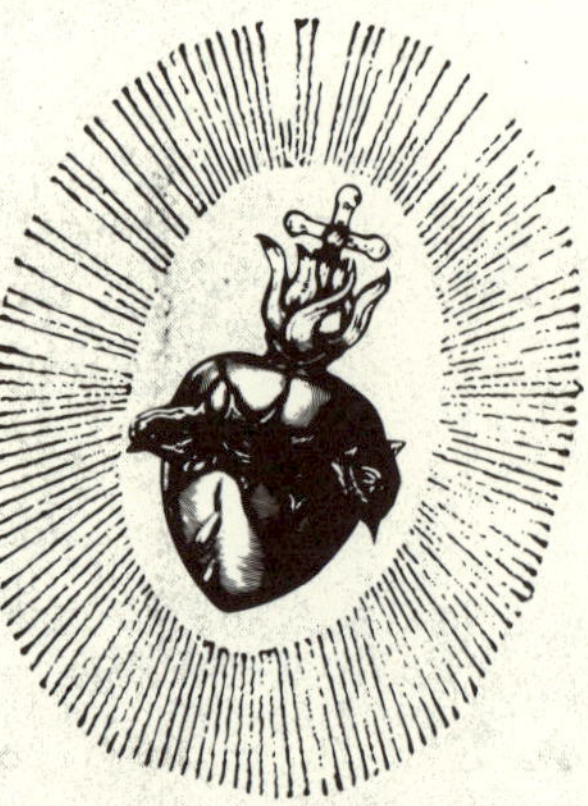

Novel

H・R・ギーガーの魔術的アイコンを封印

『ネクロノミコン１』H・R・ギーガー（出版元：トレヴィル／発行：1986年）

映画『エイリアン』のエイリアンのデザインなどでよく知られる、スイスのシュールレアリスムの画家、H・R・ギーガーが、絵画でまとめあげた魔道書が、『ネクロノミコン１』。ギーガーは黒魔術を信じており、アレイスター・クロウリーの大ファン。続篇の『ネクロノミコン２』もある。

Music

攻撃的な演奏の中にもキラリと光る才気

『ザ・コール・オブ・クトゥルー』（メタリカ／アルバム『ライド・ザ・ライトニング』に収録／発表：1984年）

現在はメインストリームのヘヴィ・ロック・バンドに成長したメタリカが、まだ、スラッシュ・メタル・バンドだった頃の楽曲。死んだベーシストの愛読書だった、ラヴクラフトの「クトゥルーの呼び声」をスラッシュメタル化した恐るべき作品。ルルイエのクトゥルーも目を醒ます轟音だ。

Great Demon King File 84

大いなる白き沈黙の神

イタクァ

Ithaqua

北極圏の「風の神殿」に住まう、「風に乗りて歩むもの」

「風に乗りて歩むもの」「歩む死」などと呼ばれる「旧支配者」で、「風」の属性を持つ。「イトハカ」とも発音される。「イタカ」もしくは「イ

巨大な人型をした霧と雪の塊で、頭部には赤く輝く両眼があるだけ。手足の指には水かきがあるという。

そして、空中を二足歩行するのである。なので、「風に乗りて歩むもの」とあだ名されているのだ。宇宙空間を歩いて移動することも可能だ。

ときおり、印象的な不気味な遠吠えをするともいう。しかし、イタクァの姿を目撃した者は例外なく、彼に捕獲され、寒冷地の上空を連れまわされた上、投げ落とされてしまうので、彼がどんな姿をしているのか、真相は謎のままだ。

ちなみに、イタクァに投げ落とされた人間はかならず超低温で冷凍されている。また、場合によっては、イタクァは犠牲者を改造して、自分を小型にしたような「風の従者」を作り出し、自分に従わせる。しかし、「風の従者」の寿命は非常に短いので、彼は次々と人間を誘拐して回らなければならないのである。

ハスターとは「風」の属性を持つもの同士の盟友であり、ハスターの双子の息子・ツァールとロイガーとも同盟関係にある。

イタクァは「旧支配者」たちの中では例外的に幽閉されたり、封じられたりしていない神である。しかし、その影響力は地球の北半球、特に寒冷地に限られている。

常日頃は北極圏の「風の神

人間を喰人鬼にしてしまう、雪の精霊「ウェンディゴ」との関係

殿」にいることが多いが、定期的に寒冷地のテリトリーをパトロールして回る。そのため、寒冷地に彼を崇拝するカルトが多い。崇拝者たちは人間を生贄にして、イタクァに捧げている。

北米大陸ではイタクァは「ウェンディゴ」として古くから知られていた。カナダなど北方に住むネイティヴ・アメリカンの多くの部族が「ウェンディゴ」という雪の精霊を信じており、人間の心にテレパシーで接触してくるといって恐れていた。

なぜなら、「ウェンディゴ」に精神的に接触された者は無性に人が食べたくなるからである。そういう人が実際に隣人を殺して食う事例がいくつも報告されていて、これが精神医学界に紹介された時に「ウェンディゴ病」と名づけられた。

一説に寄れば、イタクァは「ウェンディゴ族」の主であるともいう。また、「ウェンディゴ」というのは、イタクァの従兄弟だという説もある。

さらに、イタクァの「風の従者」が「ウェンディゴ」だと主張する人などもおり、「ウェンディゴ」については謎が多い。

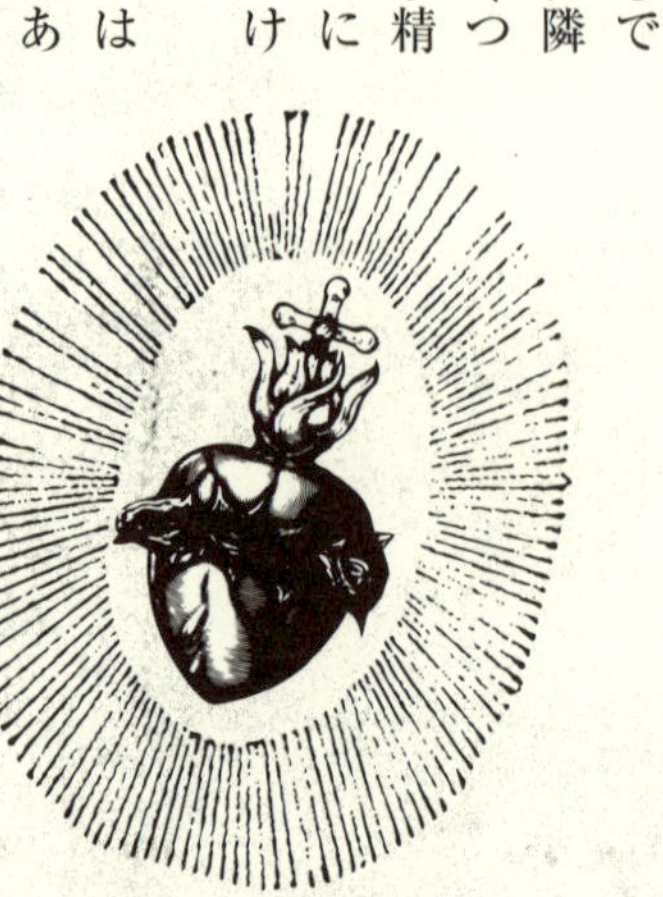

Novel

『ラヴクラフト全集』全7巻（出版元：東京創元社／発行：1974〜2005年）

宇宙的恐怖に満ちた暗黒世界への第一歩

ラヴクラフトの小説だけ読むことができればいいという人向けの「文庫版」の全集。とはいっても、編訳者の大瀧啓裕により、非常に凝った訳文で、各巻の収録作の集め方も、こだわりがスゴイ。初心者の人は、この全集の1〜4巻くらいまでを読めば、「クトゥルー神話」の基礎はマスターできる。

Movie

『死霊のはらわた2』（監督：サム・ライミ／製作国：アメリカ／／製作年：1987年）

死霊の恐怖を描いた傑作スプラッターホラー

『スパイダーマン』シリーズですっかりメジャーになったサム・ライミ監督の代表作。『ネクロノミコン』の呪文によって、死霊が復活し、人間に憑いて大暴れする、スプラッター映画の金字塔となった作品。すべての演技が大げさに誇張され、バケツでぶちまけたような血糊の量もハンパではない。

Great Demon King File 85

千の姿にして無貌の者

ナイアルラトホテップ

Nyarlathotep

クトゥルーの邪神たちの中で唯一、「発狂」していない貴重なる存在

「ニャルラトテップ」とも発音される名を持つ「神々の使者」。「這いよる混沌」「無貌の神」「黒い男」「暗黒のファラオ」など多数のニックネームを持つ。

「千の顔を持つ者」とも呼ばれるとおり、出現する際に、常にちがう姿を取る。どんな姿にも変身できるが、その本体はドロドロで、グチャグチャした不定形の存在である。

通常は外宇宙のどこかの混沌の中の洞窟に、不定形のフルート奏者たちとともに潜んでいるが、あらゆる時間と空間に自由に出現することができる。

神々の中で唯一、人類に近い「人格」を持ち、発狂もしていない彼は、「魔王」アザトースを筆頭とする、さまざまな場所に幽閉された「外なる神」や「旧支配者」たちの意思を代行し、メッセンジャーとして活動するのが彼の使命である（ただし、彼の天敵である「旧支配者」のひとり、火の精クトゥグアは例外）。そのため、人間界に出現して、人類の歴史に接触・干渉することが多い。

人間界に起きる闇の陰謀の影にはナイアルラトホテップが暗躍している。トリックスターとして振る舞うことも多く、人間界での彼のイメージはメフィストフェレスのような「悪魔」に非常に近い。

彼の化身のひとつ「黒い男」の姿はサバトで目撃される「悪魔」と同じものだともいわれている。

しかも、彼は知性のない自分のご主人様たちを内心、軽蔑している。なので、ご主人

として出現することが多くなり、ゴスな少女たちや、RPGのプレイヤーたちから「ニャル様」と呼ばれて、憧れの的になっている。

己が欲望に忠実で、気まぐれに暗躍する「邪神たちの使者」

様たちの発案になる、狂った陰謀が失敗してもなんとも思わないし、気に入った人間の命を気まぐれに助けてやったりする。

その行動は一貫せず、常に想定外である。本人が面白いかどうかが唯一の行動原理らしい。人間と話をするのも彼の趣味のひとつである。

ナイアルラトホテップを召喚するには、非地球的な生命体を象った奇怪な装飾が施されている金属製の小箱に入った黒い宝石「輝くトラペゾヘドロン」を使う必要がある。

ナイアルラトホテップを崇拝する魔術結社「星の智恵派」は、この黒い宝石を真の闇の中に置く儀式でナイアルラトホテップを呼び出すのに成功したことがある。

その姿は、3つの飛び出した目を持ち、コウモリの翼を具えた全身が真っ黒な容姿をしていた。

近年ではモンスターの姿には飽きたのか、黒服の美青年

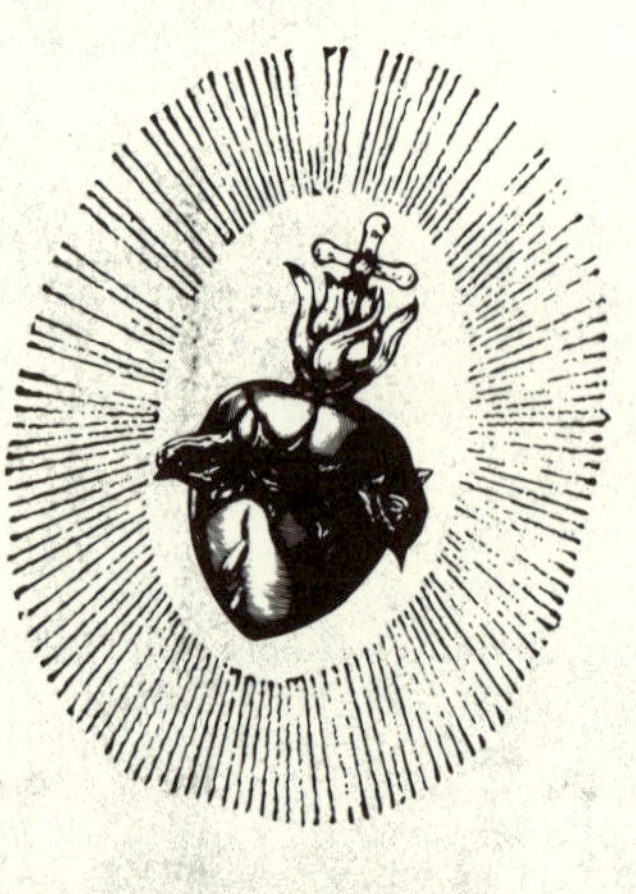

Novel

編年体で構成された画期的なＨＰＬ大全集

『定本ラヴクラフト全集』全11巻（出版元：国書刊行会／発行：1984～1986年）

ラヴクラフトの研究家、Ｓ・Ｔ・ヨシが集成したファン垂涎の大全集。ホラー、幻想小説だけでなく、ラヴクラフトの書いた詩や評論も収録している。さらに文通魔でもあった彼の「書簡集」まで入っている。また、ラヴクラフトの元・妻や、友人などの「回想録」も含まれ、これがあればすべてが読める！

Movie

あまりの低予算ぶりにマニアからはボロカス

『ダンウィッチの怪』（監督：ダニエル・ホラー／製作国：アメリカ／製作年：1970年）

ラヴクラフトの代表作の映画化。魔導師の家系、ウェイトリー家での謎の儀式により、ダンウィッチの町に異常な出来事が頻発する。そして、邪神の血を引く双子がその正体を現すのだが……。なにしろ大昔の作品なので、原作の怪獣映画並みのものすごさを期待すると、あまりにショボくてラストで肩透かしを食う。

悪魔と地獄の名画展

～図像化された「悪」のイメージ～

古今東西、悪魔や地獄の絵画は数多い。悪魔や地獄の姿は画家に多大なインスピレーションを与えてきたからだ。なにしろ画家の想像力次第で、悪魔は作り放題なのだ。画家は想像力のおもむくままに悪魔を描ける。

これが天使ではそうはいかない。白人のイケメンで、白い翼があるという程度で、他に描きようがない。天使では描いていてつまらない。だから、美術用語でいう「図像学」（描かれた図像の持つ意味を判定する学問）でも、「悪魔の図像学」は特に発達しているのだ。

ここでは、主に『聖書』の記述に沿って、悪魔のアートを紹介していこう。

まずは、ルシファーをはじめとする、神に反逆した天使たちの堕天の図である。「反逆天使の墜落」（作者不詳／1186年）は上段に天使たち、その下に悪魔と化したルシファーたちが地獄の門に呑み込まれている様が描かれているが、地獄の門は巨大な怪物の大きく開いた口である。地獄はこの怪物の腹の奥にあるとされた。一説にはこの怪物こそ、リヴァイアサンであるともいう。

12世紀の写本の挿絵「地獄に鍵をかける天使」でも、巨大な怪物の口の中に悪魔があふれんばかりに詰め込まれていて、それを閉じるために、天使が錠前に鍵をかける図がある。

グレコの「キリストの御名の礼拝」や、スワーネンビュルフの「地獄」にも、大口を開いた地獄の門の怪物がリアルに描かれている。

堕天の図は、堕天使たちが天使の姿のまま、地獄に墜落していくものと、落下途中で悪魔の姿に変身しているものの2種類がある。1400年代の写本「ペリー公のいとも豪華な時祷書」所収の「堕天使の墜落」（ランブール兄弟作）では、ルシファーを中心に天使の姿のまま墜落している。ルシファーたちは豪華な青い衣装で、炎に包まれている。

ただし、図像学的には、この青い衣装であることはすでに悪魔になっていることを示すもの。初期の悪魔は天使と同じ姿で描かれ、青い衣装で示されたのだ。

6世紀のサン・タポリナーレ・ヌオーヴォ聖堂のモザイク画「山羊と羊を分けるキリスト」には中央にキリスト、左右に天使がいる図だが、右の天使が青い衣装で、悪魔であることがわかる。

一方、この頃の天使は赤い衣装を着ている。最初から天使は白の衣装というワケではなかったのだ。

あらゆる物をモチーフにして名画に潜む悪魔は描かれた

ヒエロニムス・ボッス（1450頃〜1516年）の「干草車の祭壇画」の左翼部分は堕天の図「原罪」だが、墜落する途中で悪魔化している。悪魔たちは昆虫の羽根を持っていて、これは他に例のない悪魔像だ。

ちなみに「祭壇画」は「左翼・中央・右翼」の3つに分かれる「三連画」の形式で、左は「原罪」か「楽園」、中央に「主題」、右に「地獄」が描かれるのがルール。もちろん、この祭壇画の「右翼」にも地獄が描かれ、なぜか、魚や爬虫類がモチーフの悪魔たちが罪人たちを拷問している。

ボッスは有名な「快楽の園」も三連画で製作していて、右側が「音楽の地獄」である。楽器がモチーフとしてちりばめられ、楽器は快楽や性器を象徴しているという。また、ナイフが何ヵ所にも描かれているが、やはり祭壇画の「最後の審判」にもナイフが多く描かれている。ナイフは男性器の象徴であるらしい。

　フロリスの「反逆天使の狩り」や、ピーテル・ブリューゲル「反逆天使の墜落」（1562年）

ピーテル・ブリューゲル「反逆天使の墜落」
描かれた悪魔たちは魚、爬虫類、昆虫、エビ、果物から、果ては三角定規、コンパスなど文房具まで、ごちゃまぜに合成された異常な姿形をしている。絵の全体的な雰囲気は楽しげだが、悪魔たちそれぞれは妙にリアルで気持ちの良いものではない。1562年作。

は絵の中心が大天使ミカエルで、完全武装の彼が悪魔たちを殺戮する様が描かれている。

　ルシファーはドラゴンと化しており、ほかの悪魔たちは獣頭人身。ブリューゲルのほうの悪魔たちは魚、爬虫類、昆虫、エビ、果物などから、三角定規やコンパスなどの文房具までがごちゃまぜに合成された異常な姿だ。これを超えるメチャクチャな悪魔は、いまだ登場していない。

　このあとの展開として、イエスが現れると、彼を誘惑する役回りで悪魔が登場する。悪魔はイエスに「本当に神の子なら石をパンに変えてみろ」と言う。すると、彼は例の有名な「人はパンのみにて生きるものにあらず」というセリフを返すのである。

　さらに、「人は神の口から発せられるひとつひとつの言葉で生きるのである」と続くのだが、石をパンに変えることとまったく関係ないと思うのは、私が悪魔主義者だからだろうか。

次に悪魔はイエスをエルサレムの神殿の屋根に立たせて、「神の子なら飛び降りても、神が助けてくれるだろう」と言う。イエスは「神を試してはいけない」と答えた。

さらに悪魔はイエスを山頂に連れて行き、「私を拝むなら、この国をあたえよう」と誘惑した。だが、イエスは『聖書』には〝神を拝み、神に仕えよ〟とある」と突っぱねたので、悪魔は諦めたという話だ。

この3つの誘惑について多くの絵画が描かれているが、悪魔は角とコウモリの翼の、おなじみの姿で、特にどうということはない。フランデスの「キリストの誘惑」(1500年頃)の悪魔は山羊の角を生やした修道士で、ただし、その僧衣の裾から見える足が水かきのある水鳥のものなのがめずらしい。

また、ティソの「神殿の頂上に立つキリスト」(1886〜1894年頃)では、巨大な半透明の悪魔に背後からはがいじめにされ、空中に持ち上げられるイエスが描かれているが、悪魔がリアルに描かれているのが特徴だ。

地獄に乱入してきたイエスになす術なしの悪魔たち

イエスはこのあと、多くの悪魔祓いをするが、悪魔祓いの図では、たいてい悪魔憑きの人の口から悪魔は追い出されるため、悪魔は小さい。なので、マクファーレン・トイズのアクション・フィギュアみたいに見える。

そして、イエスはユダの裏切りで十字架に磔刑にされ、いったん死亡する。3日後に復活するワケだが、この3日死んでいる間にイエスは自発的に地獄に行った。理由は地獄に落ちた人々を救うためである。

　なぜか、このときに地獄の門は怪物の大口ではなく、普通のどこにでもあるようなドアである。イエスが来るというので悪魔たちは門をかけ、鍵もかけ、しかも、怪力の悪魔たちが内側から押さえた。ところが、イエスはドアをぶち破って、地獄に乱入。地獄に落ちていたアダムをはじめとする、すべての死人の魂を天国に導いたため、一時的にだが、地獄は悪魔たち以外誰もいない状態になったという。

　このときの情景も画題として人気がある。たいていが破られたドアの下敷きになったうえ、さらにイエスがその上を歩いたので、押しつぶされている運の悪い悪魔が描かれている。そして、イエスがアダムの手を握って導いている。

　デューラーの「冥界のキリスト」（1510年）では、イエスを槍で刺そうとするウルトラ怪獣みたいな悪魔たちが描かれているが、ほとんどの作品で悪魔たちは無抵抗だ。

　アンドレア・ディ・ボナイウートの「冥界への降下」の悪魔たちは困惑し、「どうしたらいいんだろう？」とでも言っているようだ。彼らは全身が赤、オレンジ色や、薄紫で、とってもポップでキレイ。伝ショーンガウアーの「冥界への降下」には尻にも顔のあるユーモラスな悪魔が登場している。

伝ショーンガウアー「冥界への降下」圧倒的な存在感のキリストを前に、手をこまねいて見ているしかない悪魔たち。その姿形も恐いというよりは、むしろユーモラスに描かれている。

「誘惑」ではグロテスクな悪魔たちが聖アントニウスに襲いかかる！

イエスがらみ以外で、悪魔の図像を描くために人気のある主題のひとつが、「聖アントニウスの誘惑」（以下「誘惑」と略）である。

聖アントニウスは紀元後251年頃、エジプトの裕福な貴族の息子として生まれた。両親は敬虔なキリスト教徒でもあった。20歳のときに両親が死去。彼は両親の遺産をすべて貧しい人々に分け与え、自分は修行のために、人里離れた砂漠や荒野を放浪した。

聖アントニウスは100歳まで生きたといわれるが、その人生のほとんどは砂漠や荒野での禁欲的な生活だった。だが、彼の生涯は悪魔の誘惑に晒された苦難に満ちたものだった。

フランスの小説家、フローベールがこの話を主題にして、戯曲『聖アントワーヌの誘惑』を書いたので、「聖アントワーヌ」としても知られる（アントワーヌはアントニウスのフランス語読み）。

この主題でもっとも有名なのは「ドイツ絵画史上屈指の名作」といわれる、グリューネヴァルト作の「イーゼンハイムの祭壇画」だ。この祭壇画は聖アントニウスの生涯を主題にしていて、その「右翼」部分が「誘惑」の図だ。

禿げて白髭の老人であるアントニウスひとりに、悪魔の軍団が襲いかかっている。ドラゴンの頭部に翼、人身のいかにも悪魔らしい者から、棍棒を振り上げる人間の腕がある猛禽、扁平で大口を持つ両生類のような者、全身を腫瘍に冒された人間など、グロテスクこのうえない。

パレンティーノの「誘惑」でも、白髪の聖人を悪魔たちがよってたかってボコボコにしようとしている。筋肉質のマッチョな悪魔たちは翼を持ち、下半身が獣である。王冠を被っている者などはまだ人間に近いが、白塗りに黒のメイクでピエロみたいな者や、透明なガイコツで、内臓が丸見えになっている者までいる。

ローザの「誘惑」でアントニウスに襲いかかるのは、頭は鳥のガイコツ、ヘビの首、両腕は昆虫の肢、そして、それらが細長い身体にくっついているとしか形容のしようがない怪物だ。

また、このとき、悪魔たちは聖人を空中高く放り投げて責めさいなんだというので、そのシーンを描いたものも多い。

ショーンガウアーの「誘惑」は、まるで空中に腰掛けたようなポーズのアントニウスの周囲を、悪魔たちがグルリと取り囲んで苛めている。鳥の頭にコウモリの翼、下半身が魚であるとか、全身に鋭いトゲが生え、鼻がゾウのように伸びた悪魔などが見える。

カロの有名な「誘惑」の図像では、どこに聖人がいるのかわからないほど大量の悪魔の軍団が描きこまれている。個別の悪魔に触れる余裕がなくなってしまうほどだ。

ルドンはフローベールの戯曲を読んでインスパイアされ、10年以上をかけて、石版画集『聖アントワーヌの誘惑』（全3巻）を製作した。モノク

カロ「聖アントニウスの誘惑」
グロテスクな奇想に富んみ、人間の暗部を表現した銅版画。画面いっぱいにひしめき合う悪魔の姿には、戦争や当時のペスト流行が色濃く反映されている。アントニウスを誘惑する悪魔が描かれる題材だが、さすがにこの作品は悪魔が多すぎて、どこにアントニウスがいるかわからないほど。

口の幻想的な画風で、静かな「誘惑」が展開される。

シュールレアリスムのサルバドール・ダリも「誘惑」を描いている。アントニウスが十字架で退散させようと努力している悪魔は牙をむき出し、昆虫のような後ろ足で立ち上がった馬や、ヒョロヒョロの細長い足のゾウと、その背中に乗った自らの胸をもむ、全裸美女だ。

ヒエロニムス・ボッスも祭壇画の「誘惑」を残していて、全3面に怪物が満載。「左翼」部分に、聖人が空中で誘惑される図を採用している。アントニウスは仰向けになった、コウモリの翼を持つカエルの腹の上に乗って神に祈っている。その周囲を空飛ぶ魚や、大鎌を持つタマゴなどが取り囲んでいる。

「中央」の部分では悪魔の教皇や、ネズミの頭部の司祭などがおり、そして、「右翼」には聖人が全裸の女性によって性欲を刺激されたり、豪華な食卓によって食欲を催させられたりしている。

アントニウスは生涯、この2大欲望に悩まされていたらしい。この路線での「誘惑」の図はパティニール&マサイアスやモレッリ、モローなどが描いている。

後世に大きな影響をあたえたダンテ『神曲』の地獄構造

大量の悪魔を描きたい画家のためにもっとも適切な主題は「地獄」だ。地獄には悪魔と罪人しかいないからだ。ただし、あまりにもたくさんの悪魔を一度に描かなければならないために、個別の悪魔を「誘惑」の図のように、凝ったものにできないという弱点がある。

現在、我々がイメージする地獄を作り出したのは、ダンテの『神曲』である。作者のダンテが地獄を見物して回るというストーリーで、このときに彼が見てきたという地獄の構造は、以降の地獄図像に大きな影響をあたえた。ちなみにダンテはロダンの有名な彫刻「地獄の門」の上で「考える人」のモデルだ。

ダンテの『神曲』によると地獄は地下にあり、それが「9階層」になっていて螺旋状のすり鉢のような構造をしている。

いちばん浅い第1圏（第1階層）「辺獄」には、徳の高い異教徒や、異教徒の知識人、哲学者、詩人などがいる。ここに彼らが落とされた理由は「洗礼を受けていない」というだけである。ダンテはここで、ソクラテスや、アリストテレス、プラトン、ホメロスなどの有名人に会っている。

その下の第2圏は「邪淫地獄」。色欲に溺れた者や、性的倒錯者、ヘンタイ性欲者、セックス依存症の者などが落ちる。ここでの有名人にはクレオパトラなどがいる。

第3圏は「大食地獄」で、暴飲暴食をしたグルマンは誰でもここに落とされる。もしくはグルメの人もここに落ちる。美食評論家や大食いバトルの出場者などである。

第4圏の「貪欲地獄」にはあらゆる金持ち、浪費家、もしくは逆にケチなヤツ、吝嗇家がいる。

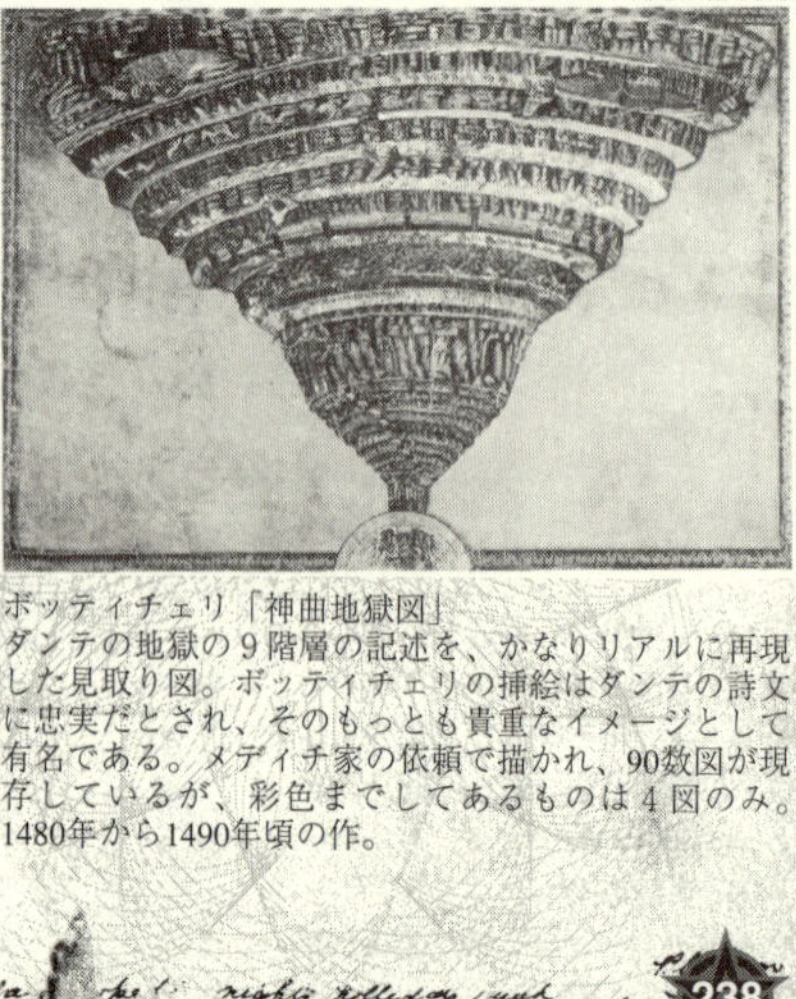

ボッティチェリ「神曲地獄図」
ダンテの地獄の9階層の記述を、かなりリアルに再現した見取り図。ボッティチェリの挿絵はダンテの詩文に忠実だとされ、そのもっとも貴重なイメージとして有名である。メディチ家の依頼で描かれ、90数図が現存しているが、彩色までしてあるものは4図のみ。1480年から1490年頃の作。

地獄の階層

第1圏　辺獄　呵責こそないが希望のない時を永遠に過ごす

第2圏　邪淫地獄　荒れ狂う暴風に吹き流される

第3圏　大食地獄　ケルベロスの牙に引き裂かれる

第４圏　貪欲地獄　貪欲者同士、互いに罵り合いながら、重い金貨の袋を転がす苦行を強いられる

第５圏　憤怒地獄　正気を失い、血の色をした「スティージュの沼」で憤怒者同士、互いに責め苛む

第６圏　異端地獄　火焔の墓孔に葬られる

第７圏　暴力地獄　ふるった暴力の種類に応じて「環」に振り分けられる

第一の環　隣人に対する暴力
煮えたぎる血の河「フレジェトンタ」に漬けられる

第二の環　自己に対する暴力
通称「自殺者の森」。奇怪な樹木の姿に変えられ、怪鳥アルピエに葉を啄ばまれる

第８圏　邪悪の壕　罪の種類によって「マーレボルジェ（悪の壕）」に振り分けられる

第一の壕　女衒
女を遊女屋などに売る女衒(ぜげん)の地獄。鬼から鞭打たれる

第二の壕　阿諛者
人の顔色ばかり伺う阿諛者（あゆしゃ の地獄。糞尿の海に漬けられる

第三の壕　沽聖者
金のために聖物や聖職を売った沽聖者(こせいしゃ)の地獄。岩孔に入れられて焔に包まれる

第四の壕　魔術師
首を真後ろにねじ曲げられる

第五の壕　汚職者
煮えたぎる瀝青（れきせい。コールタールのようなモノ）に漬けられ、悪鬼から鉤手で責められる

第六の壕　偽善者
金箔を張った外面だけは美しい鉛の外套に身を包み、ひたすら歩かされる

第七の壕　盗賊
「蛇に噛まれると身体が灰になるまで燃え上がり、再び元の姿に戻る」を繰り返す

第八の壕　謀略者
永遠に火焔に包まれ苦悶する

第九の壕　離間者
他人の仲を裂いた離間者の地獄。体を裂き切られる

第十の壕　詐欺師
錬金術師などの詐欺師の地獄。悪疫にかかって苦しむ

第９圏　反逆地獄
反逆した種類によって４つの「円」に振り分けられ、首から下を氷漬けにされる

第一の円　カイーナ
肉親に対する裏切者の地獄

第二の円　アンテノーラ
祖国に対する裏切者の地獄

第三の円　トロメーア
客人に対する裏切者の地獄

第四の円　ジュデッカ
主人に対する裏切者の地獄

第5圏の「憤怒地獄」には、怒りのあまり愚行に走った者がいる。第6圏の「異端地獄」には、すべてのキリスト教徒以外の異教徒の者たちが落とされている。我々、日本人も死んだらここに行くことになるのだろう。

第7圏の「暴力地獄」にいるのは、あらゆる殺人者、連続殺人鬼と自殺者である。

第8圏の「邪悪の壕」は、この中がさらに10種類の罪に対応して小さな地獄に分かれ、その他すべての罪人が振り分けられているのである。それぞれ罪に応じた10種類の拷問を受けるのだ。

そして、地獄のいちばん深い場所、第9階層「反逆地獄」（コキュートス）は、究極の冷凍の地獄で、ここに入った者はすべて瞬時に凍結する。ここに監禁されているのは、大悪魔ルシファーひとりだけである。

『神曲』でのルシファーは角とコウモリの翼を持つ巨人で、3つの顔がある怪物だ。その3つの口には歴史的な「3大裏切り者」が咥えられている。「3大裏切り者」とは、イエスを裏切ったユダ、シーザーを裏切ったブルータスとカシウスだとされる。ルシファーは下半身を凍結した湖に捕らえられ、ここから動くことができない。ルシファーの腰のあたりが地球の中心にあたるという。

超有名な悪魔たちはどんな姿に描かれているか!?

このダンテの創造した地獄の図をリアリズムで描いた作品には、ボッティチェリの「神曲地獄図」のシリーズが有名だ。また、『神曲』の挿絵としては、ギュスターヴ・ドレの作品がある。逆さにした巻貝みたいな地獄の全貌が、9階層の個別の内部まで描かれているが、悪魔たちは誰でも想像するありふれた姿だ。

フラ・アンジェリコの「最後の審判」では、地獄が9階層に分かれているのをまるでマンガのコマ割りみたいに説明的に描いている。

コキュートスで3人の裏切り者を齧っているルシファーの姿は、ジョットの「最後の審判」や、タデオ・デ・バルトロの「地獄」で見ることができるが、氷の地獄のハズのコキュートスが炎に包まれた普通の地獄に変更されている。その方がわかりやすいからだろう。

ランブール兄弟の「ベリー公のいとも豪華なる時祷書」の挿絵の地獄では、悪魔たちが罪人たちを燃料にしてフイゴで火を起こし、その上に置かれたバーベキューを焼く鉄板みたいなものでルシファーが仰向けになって自ら焼かれつつ、炎とともに罪人の魂を口に吸い込んでいる。ルシファーはドMなのであろうか。


有名な悪魔を個別に描いたものとしては、フュスリの「火の海でベルゼブブを呼ぶサタン」があり、たくましい筋肉質の天使としてのルシファー（ここではサタンと呼ばれているが）が、同様に天使の姿のベールゼブブを起こしている姿が描かれている。ベールゼブブは寝坊したのではない。これは堕天の直後で、ベールゼブブは地獄に落下して失神していたのだ。

大悪魔のひとり、モロクは幻想的な画風で知られるウィリアム・ブレイクの「飛び去るモロク」

「悪霊の王マモン」作者不詳
マモンは金銭欲の悪魔で、人間を強欲にする。堕天使の中でいちばん心が汚く、1枚のコインのためでも平気で人を殺すとされている。

で画題になっている。コウモリのような翼を広げて飛び去る姿が描かれている。

金銭欲の悪魔、マモンの姿は作者不詳の15世紀頃のものとされる画像が残っている。

2つのカラスの頭を持ち、黒い人間の身体で、両膝に人間の顔がついている。彼は鳥の頭のドラゴンに乗っている。

悪魔のイメージが固定化されて新しい悪魔の創造は停滞気味

一連の「黒い絵」と呼ばれるオカルティックな主題のシリーズを制作したゴヤは、「魔女のサバト」で魔女集会に出現した黒山羊の姿をしたバフォメット（あるいはレオナルド）を取り囲む魔女たちを描いた。魔女のひとりはバフォメットに生きた子供を生贄として差し出している。


19世紀になると、フランスのライター、コラン・ド・プランシーが有名な悪魔を集成し、『地獄の事典』を出版。この本のために描かれたバラエティ豊かな悪魔たちのイラストは、以降のすべての悪魔本のイラストの元ネタとなった。

なので、以降の悪魔像はある意味、イメージが固定されてしまったともいえる。さまざまな画家たちが自らのイマジネーションで、自前の悪魔を創造してきた悪魔画の歴史から見ると、残念な気もする。新しい悪魔が現れないということは、悪魔の数が増えないということだ。

悪魔は「悪魔を描く人の数だけ」存在する。あなたも自分だけの悪魔を作り出して、地獄の人口を増やしていこう！　それが「悪魔の軍団の勝利する世界」の創造につながるのだから。

目黒黒魔術博物館スタッフ

Meguro black magic museum staff

★悪徳テキスト★

目黒　卓朗

目黒黒魔術博物館の館長。正体はダークサイドなライター。著書に『殺人王』シリーズ、『JOJOマニア　ジョジョの奇妙な冒険研究読本』シリーズ、訳書『地獄でロック・ファイヤー』『炎のワーストロック・バイブル』（以上、21世紀BOX）などがある。ホラーとロックと酒が大好き。

★暗黒イラスト★

オノチン／ミュージシャン＆イラストレーター

P12,30,44,78,110,130,162,210他

「JET BOYS」、「オナニーマシーン」のギターとしてつねに全裸で活躍中。仕事随時募集中！悪魔召還以外何でもやります！連絡先→onoching@aol.com

KATOKEN／イラストレーター

P62,98,144,186,222他

サブカルチャーを軸にCDジャケット、フライヤー、Tシャツなどのデザイン、漫画連載、雑貨デザインなど多岐に渡り活動中。2001年TOKYO FM出版よりイラスト集『PRETTY RIOT』を発売。

タカミ トモトシ／イラストレーター

P34,102,106,148,202他

雑誌中心にイラスト＆コミック展開中。「実話ナックルズ」表紙画担当。パンク、HC系のジャケやフライヤー。日本最大のメタルフェス「LOUD PARK」にてコラボT発売。

mzgk／イラストレーター

P70,158,190他

イラストレーターとしてだけでなく、演劇・モデル・バンド……等々幅広く活動。その正体は誰も知らない。好物はケーキと生肉。

相生 りう／イラストレーター

P16,66,82,198,218他

怖い絵描くの大好きです。

たまに悪魔に魂を売り渡したくなります。

聡／イラストレーター

P20,94,206,226他

寒い季節に寒い土地で生まれ、寒い大地で育ち、現在も寒い街で活動中。可愛くて毒のあるものを好みがち。

エマ／イラストレーター

P74,90,214他

子どもの頃、古賀新一さんの「エコエコアザラク」が大好きでした。怖がりなんですけど。

なつみUSA／イラストレーター

P48,86,134,194他

悪魔のイラストは得意中の得意な、妊娠７ヵ月の主婦です。

mimume／イラストレーター

P38上,40上,141上,143下,153上

出版社に勤務する傍ら、イラストレーターとしても活動中。

★地獄デザイナー★

ROCKERS 山口 明／デザイナー

装丁担当。「カリスマ童貞デザイナー」としてその名を馳せる47歳。数々のコミックや書籍の装丁を手掛ける。悪魔に取り憑かれた夢をみたら、この仕事がきてビックリ。

ANTi NOTION／デザイナー

本文デザイン担当。雑誌、広告、CDジャケット、ウェブなどジャンルレスに活動するデザインチーム。オリジナルT-shirts Rebel「Jezas13」などのプロデュースも展開。http://anti-notion.com

悪魔大王
～世界悪魔ファイル～

2007年8月13日
初版第一刷発行

編者　目黒黒魔術博物館
発行者　鈴木　実
発行所　21世紀BOX（21th Century Box）
発売元　太陽出版
東京都文京区本郷4-1-14　〒113-0033
TEL：03-3814-0471　FAX：03-3814-2366
http://www.taiyoshuppan.net/
装丁　山口　明（ROCKERS）＋鈴木　徹（アイル企画）
本文デザイン　ANTi NOTION
印刷　壮光舎印刷株式会社
株式会社ユニ・ポスト
製本　有限会社井上製本所